在る視点

エゴの視点から悟りの視点にシフトする方法

リリ

ナチュラルスピリット

真我とはただ「在る」ことであり、あれやこれとして在ることではありません。
それはシンプルな存在なのです。
在りなさい――そうすれば無知は終焉するでしょう。

ラマナ・マハルシ　『ラマナ・マハルシとの対話　第1巻』

謝辞

悟りに関する本というのは、全て「神－真我－在る」から発せられる情報に依存したものであり、この本を執筆したリリという肉体精神機構は、神の道具の一部になることで初めてこの書を生み出すことができました。それに加えて、そんな私を支えてくれた人々がいてくれなければ、今こうして本書を生み出すことは決してできなかったでしょう。

変わり者の私を無条件の愛で包み、信じ、励まし、いつも愛を注いでくれた祖父母や父と母、そしていつも陰ながらに支えてくれた姉に心からの感謝を述べます。そして実の家族のように（もしくはそれ以上に）私をあるがままに愛し、見守ってくれた魂の友や同志の方々にも無限の感謝を。

本書の出版を提案してくださり、実現してくださったナチュラルスピリット社の皆様にも感謝します。今井博揮社長が出版のご提案をしてくださったからこそ、実現したことでした。リリという人間の目覚めの過程の多くは、ナチュラルスピリット社から翻訳出版された悟りに関する書籍の中に根づいていた真理とその恩寵《おんちょう》に支えられていました。

そして最後に、私の魂を目覚めへと導き、真理への帰還へとサポートしてくれた師の方々に、無限の感謝を贈ります。私の師は実際に会った方は少なく、本の中や、見えない導きの中で出会うことのほうが多かったように思います。聖霊による無数のシンクロニシティによる真理への誘い、サンジェルマン伯爵のシンクロニシティによる覚醒への導き、イエス・キリストのサポート、そしてインドの聖者であるラマナ・マハルシ、ニサルガダッタ・マハラジ。彼らは私が誕生した頃にはすでにこの世を去っていましたが、私の魂にいつでも真理を呼びかけ、くじけないように啓発し続けてくれました。全ての方を書き出すときりがないほどにたくさんの愛の使者に支えられてきたことを痛感しています。ここで改めて、感謝の意を伝えさせていただきます。本当にありがとうございます。

はじめに

「神とは何か」
「生きる意味とは何か」
「愛とは何か」

たくさんの情報であふれかえっている現代社会において、そんな普遍的な疑問に対して明確に答えている情報は、そう多くはありません。幼少期から私は、そうした疑問がいつも頭の中に浮かんでいました。しかし、なかなか納得のいく答えに出会えず、いつも内面で不完全燃焼を起こしているような、少し変わった子どもでした。誰に聞いても、どんな情報に触れても、その答えというのはどこか薄っぺらかったり違和感があったりで、もはや納得のいく答えなどこの世界にはないのかもしれない……。そんなふうに感じ始めていた二十代前半の頃、ふと、神の呼び声を聞くこととなります。そして、その呼び声を聞いたのは実は初めてではなく、すでに五歳くらいの頃から呼ばれていた、と気づいたのはもっと後のことです。ただ、二十代前半で神の呼び声をはっきり聞いて以降は、本格的な真理の探究へと導かれていきました。

探究が終わって数年が経った今、確信している真理はたった一つ。それは非常にシンプルなものです。

「私は在る」

これだけです。それに全てが詰まっていて、全てが虚空である、ということに気づきました。「在る」の中で起こる全てのことは赦されており、受け入れられています。言い換えるならば、それは無条件の愛です。

ではなぜ、これほどまでにシンプルな、そしてあなたも私も常にそれを証明して生きているオープンな真理を、以前の私を含め多くの人々が追い求め、時にはその探究のために世界中を旅したり苦行をしたりするのか……。そこには大きなエゴのトリックがありました。そのトリックとは、「自分は真実である悟りに近づかなければいけない」というエゴを前提とした視点そのものです。だからこそ、多くの人が「悟っていない自分」と「悟り」のように分けて捉えて、悟りの探究のジレンマに陥ってしまっているように感じます。

しかし、悟りというのはエゴの視点ではなく、神の視点、つまり「ただ、在る」の視点そのものとして生きることであり、その定着こそが、悟りです。そこに気づいてしまえば、そしてそれが腑に落ちてしまえば、残るのは探究ではなく、ただ「聖なる静寂」のみです。しかし、エゴはそのシンプル性に必死になって抵抗しようとします。今、目の前にあって、常にあり続けている真理「在る」を、「私はまだ知らない。理解できていない」と信じさせたがり、さもそれが真実のように証明したがるのです。

その結果、目の前に、というよりももっと近くにある「在る」を探究し続けることになります。どうしてこのような不思議な現象が起こるのか、そうしてしまう気持ちは十分に理解できます。というのも、以前の私（リリという肉体精神機構）がまさに、この「在る」という真理を血眼で探して、でも見つからなくて、泣きわめいていた探究者の一人だったからです。

しかし、探究が終わった今、見えているのは、その真理を求めて血眼で泣きわめいていた「私」が静かになるだけで、真理は明かされるということです。とてもシンプルですが、なぜかエゴにとってはこれが非常に難しいものなのです。エゴは知的な理解や探究を求めるものですので、しょうがないのかもしれません。真理は全てを放棄してもなお、ただ一つ残るものです。それは知的な理解ではなく、直観的な気づきなのです。

そんな実体験も踏まえて、今目覚めの領域において必要な情報とは「悟っていない自分という」エゴの視点から、悟りについて知るために読む本」ではなく、「悟っていない自分という幻想がなぜ起きてしまうのかを、真理の視点から観た本」なのではないかと考えました。そして本書が生まれました。よって、本書は基本的に、「在る」の視点から全て語られていきます。

以前の私は、「悟っていない私」という意識をある意味で自分のアイデンティティの一部に埋め込んでいたように思います。しかし、真我にフォーカスし続け、その過程におけるあるがままの〈私〉というものを全て許容するようになったことで、少しずつ「悟っていない私」という思いが薄れ、「悟った」とか「悟っていない」とか、そうしたこと自体、あまり気にならなくなっていることに気づきました。そもそもエゴが目覚めに関して何かを主張することが薄れていったのです。

その視点というのは、「在る」という〈静止〉から世界をただ静かに眺めているような視点であり、「悟りに行き着く自分」という最後のエゴの幻想が終わった感覚でもありました。非常にシンプルすぎて拍子抜けするほどですが、しかしその聖なる静寂は、私に深い安心と慈悲をもたらしました。そしてその静寂こそが真の愛であるということも知りました。全ては赦されていて、全てはあるがままで完璧である。これが「在る」の視点だと、ただ、気づきました。

悟った人の正しい在り方とか、悟っていないから正しくないとか未熟だとか、そうしたものも概念の中の善悪ゲームにすぎず、あるがままの人間らしい人生が続くこの人生ストーリーという幻想演劇こそが、悟りの中にすでにあったのです。

繰り返しにはなりますが、真理は思っている以上にシンプルです。シンプルすぎて、エゴは受け入れられないのかもしれません。だからこそ、本書の内容は、思考で理解しようとするのではなく、ただ、気づきと共に読み進めていただければ幸いです。考えて理解しようとせずに、ただ在りながら、〈それ〉に静かに気づいてください。

目次

第3章　「在る」の洞察　60

第II部

第4章　「在る」の視点から観た人生　70

第Ⅰ部

第1章　神の呼び声に導かれて

変わることのない唯一の実在、それは「在ること」です。
――ラマナ・マハルシ
『ラマナ・マハルシとの対話　第3巻』

一度目の呼び声

思い返してみれば、初めて神の呼び声を聞いたのは、私が五歳か六歳くらいの時でした。その時、私は昼寝をしていて、パッと目が覚めた時、外はもう真っ暗でした。横に母や家族はおらず、真っ暗な中に一人ぼっちで軽いパニックです。しかし、キッチンから料理をする音とその匂いがしました。ひとまず「ああ、ママは近くにいるのか」と安心しました。しかし、それでも幼い当時の私にとって、真っ暗な部屋に一人という状況は怖くて、思わず布団をかぶりました。そうすることで、この恐怖から自分が少し守られるように感じるだろうと考えたのです。

しかし、そんな期待と裏腹に、そこにあったのはさらなる暗闇でした。

その時、私はある感覚に襲われます。自分がまるで、無限の宇宙に一人ぼっちで浮かんでいて、その自分が宇宙の中に溶け入ってしまうような感覚です。これは当時の私にとって、死の恐怖と同等のものでした。そしてその時に初めて感じた根源的な疑問。それは「どうして人はいずれ死ぬのが決まっているのに、わざわざ生まれてくるんだろう？」という問いでした。この疑問がリアルな死の感覚と合わさって、非常に切実な疑問として自分の中に浮かんできたのです。

私はたまらず、母のいるキッチンに駆け込み、ボロボロと泣きながら尋ねました。

「ママ、どうして人は死ぬのに生まれてくるの？　そこに何の意味があるの？」

母はそんな不思議な問いを投げかけた私に少し驚いた様子で、でもすぐに抱き上げ、「どうしたのリリちゃん。泣かないで。大丈夫よ」とあやしてくれました。しかし、肝心な問いへの答えは得られませんでした。そして、私の心には母に抱き抱えられた安心感と共に、その答えの見つからない疑問に対しての漠然とした不安が残り続けました。

幼少期の頃から私はいつも、この漠然とした不安、「永遠のものがない」という思いを抱えながら生きていたように思います。外側だけを見れば活発で元気なごく普通の少女でしたが、とても楽しい時であっても、「この時間は永遠ではない」という思いがいつも付きまとっていたのです。

二度目の呼び声

「この時間は永遠ではない」という思いは、年齢を経ても変わることなく付きまとい続けました。二十代前半までは、そんな永遠のなさへの不安と、この世界の生きづらさで、闇の中でずっともがいていたように思います。この期間は強烈な被害者意識と共に加害者意識も抱えており、その二つの間を振り子のように行ったり来たりしているような状態でした。時に他者や自分を傷つけ、時に傷つけられ、まるで悪夢の中をもがきながら生きているようでした。

当時の私は、「自分を責めれば、自分のありのままを抑圧すれば、人から愛される」というような、一種の呪いとも呼べるような信念を保持しており、その自己愛の低さゆえに、人間関係もなかなかうまくいかず、本当に全てがうまくいかない状態でした。その結果、心のあり方は悪化の一途をたどり、「悲観主義」と「ネガティブ思考」がかけ合わさったような状態で生きるようになります。常に最悪の事態を想定し、自分がいつ傷ついても平気でいられるように構えるようになったのです。

しかし、それでは人生はうまくいきません。現実世界は自分の内面の表れであり、他者は自分の内面の鏡です。そのような状態では悪夢のような現実が続くだけで、私はどんどん気力を失い、だんだんと生きるということに対して絶望していきました。そして無力感と他者への依存心と、しかしまだ諦めきれない、この世界の本質を知りたいという渇望がピークに達した時、度重なる絶望体験へと誘われます。

振り返ってみれば、これが二度目の神の呼び声でした。絶望の体験は大いなる視点から観れば、恩寵そのものでした。その時、私は自分のエゴが抱えている醜さと無知さを直視し、そして当時、自分が必死でしがみついていたアイデンティティの大半を短期間で一気に失う体験をします。恋人、お金、仕事、これら全てが一気に崩れ去っていったのです。

今、その状況を振り返れば、「そのくらい、なんてことないさ。いくらでもやり直せる」と思うのですが、当時の私にとっては「自分の生きる意味」として必死に執着して、アイデンティティを保つ基盤にしていたものたちだったので、「自分自身の死」に近い感覚に襲われたのです。一つのものを失い絶望し、その一週間後にさらにまた失い絶望し、また数日後にさらに奪われる……と、度重なる絶望でした。そしてこのタイミングで、「悟り」という概念を知ります。

悟りとは「エゴの死の先にある永遠の絶対なるもの――無条件の愛への帰還」であると知った時、雷に打たれたような衝撃を覚えたものです。それまでの私は、自分の実体験により「この世界の真理とは、カオスなこの現実世界そのもので、愛など偽善で、結局は悪が得する絶望の世界」だと信じていましたので、愛が真理だなんて……、しかもその愛とは無条件のものであり、それは永遠であるだなんて……、それが本当であったら、こんなに素晴らしいことはないと、心からそう感じたのです。そして、悟りの教えは知れば知るほど、最も腑《ふ》に落ち、地に足がついていて誠実であるように感じました。

当時の私は絶望の最中にあり、特に何も持っていませんでした。私が当時、必死で執着していたものは、次から次へと取り払われていましたので、その絶望感こそが悟りに対しての学びの姿勢を真剣にさせ、必死にさせたように思います。だからこそ、そこからは猛烈な悟りへの探究が始まりました。毎日ほとんどの時間、悟りのことばかり考え、悟りたくて泣き、でもわからなくて神を恨み、一日中、悟りに関する本を読み漁っていた時期でした。その時、ラマナ・マハルシやニサルガダッタ・マハラジやラメッシ・バルセカールといったインドの悟りの聖者たちの存在も知ります。彼らに直接お会いしたことはありませんが、しかし彼らの文章、写真、映像から、臨在のパワーを受け取りました。真理を体現した人が地上に存在していたという事実だけでも、大いに救われたものです。当時の私は「その事実だけで生きていける」と、そう本気で感じていました。

しかし、その事実に救われながらも、自分が強烈に執着していた対象物たちを奪われていく体験はやはり絶望でした。理屈抜きで悲しみや苦しみが毎秒ごとに押し寄せてきていたのです。

そうして日々を過ごしていく中で、二十四歳の誕生日を迎える日がやってきました。

「もはや私に必要なものは悟りだけだ」

絶望の中でそう真剣に感じていました。誕生日という特別な日に感じる絶望は、通常の特にイベントのない日の中で感じる絶望よりも、さらに残酷に感じられて、誰一人とも関わらないで済む世界に行こうと、自然に思いました。そうして、経済的に余裕もない中、なけなしのお金で旅館を予約し宿泊することに。なるべく旅費がかからないようにと、自転車でもすぐに行けるような距離にある湖に近い旅館を予約しました。しかしその時の私は自転車に乗る気力さえなかったので、結局、宿泊先までタクシーで向かうことになりました。


この時は絶望の中にありながらも、悟りの教えが魂に浸透し始めており、「この地球世界においては、死ぬことよりも生き続けることのほうがよっぽど大変だ」と感じながらも、生き続けることを覚悟していた時期だったように思います。そんな中、旅館に向かうタクシーの中で、運転手の方が珍しく話しかけてくださり、当時の心境と状況をありのままに語ったら、非常に関心を示してくださりました。誕生日だから旅館に、と伝えたところ料金までサービスしてくれました。今思えば、これもまた一つ、神からのギフト、慰めだったのかもしれません。この体験が「あなたの痛みや絶望に寄り添い、関心を向け、愛を示してくれる人も、ちゃんといるんだよ」と教えてくれたような気がしたのです。

旅館に到着してからはただ、悟りのことだけを考えていました。現実の世界においては、さらなる絶望が襲ってくる感覚がありましたが、もはやそんなことはどうでもよく、「今こそ、エゴが死ぬチャンスだ。だって今の私には、生よりも死のほうが本質的な解放に思える」と本気で信じていました。旅館の中では悟りの本を抱きしめ、明け方五時頃、ようやく少し眠れるかもしれない……と三十分ほど眠りにつきましたが、すぐに目が覚めてしまいました。

しかしその時、内奥から強烈に湧き起こった感覚、それは「私は決して死ぬことも生まれることもない」という気づきでした。これを感覚と呼ぶのが正しいのかどうかはわかりませんが、そんな不死への確信が全細胞から発せられていました。疑う余地が一切ないほどに、細胞全てがそれに気づいていたのです。こんなことは初めてでしたが、昔から知っている当たり前の真実であるようにも感じました。しかし、マインド（思考）だけはその確信に対して激しく混乱していました。「いったい、これは何だ!?」と。そして次の瞬間、今度はリリという人間のアイデンティティ・魂の気質・本能的欲求といったようなもの全てがボロボロと崩れ落ちていくような感覚に襲われました。この時、感じたのは「死」の恐怖そのものです。そして、いかにそれまでの私が、エゴの死をエゴで望んでいたのかにも気づきました。これまでの私はエゴからの解放を心底願っていたつもりでしたが、それはただ、エゴが悟りをつかみ取ろうとしているだけだったことに気づかされたのです。本当のエゴの死は、リリという肉体精神機構が持っている愛着の全てを奪っていくものであり、悟りをつかみ取ろうとしているその自分自身こそがボロボロと崩れ落ちていくものだと、痛いほどに気づかされたのです。これが最初に起きた一瞥《いちべつ》体験でした。

ただ、「体験」と記載した通り、その死の感覚は、このリリという魂に対して「真理とは何か」、その本質を徹底して刻みつつも、やがて過ぎ去っていきました。よって当時は「(エゴの完全な死という意味では)死に損ないのリリ」だと自嘲したものです。ですから、私はその後、現実に起きている絶望体験に現実的に対処していく必要がありました。しかし、そこで決定的な変容が起こったのは確かです。というのも、絶望感はありつつも、内面はとても静かでした。ただ、あらゆる感情と共に在り続けていました。そしてただ淡々と目の前の絶望的な現実に対処していきました。エゴの誘惑にも一切なびかず、世界を見る目がまるで変わってしまいました。脳みそから、闇のメガネというフィルターが取れてしまったような感覚です。

そこからは自然と愛を軸にした行動が起こるようになっていきました。その結果、半年もしないうちに、人生が全てにおいて大きく好転していき、シンクロニシティがあふれるようになり、真理定着の道へと、まるで「宇宙の叡智《えいち》」という名の川の流れに乗るように、誘われていったのです。

そこからさらに数年が経った今、そんな流れの中で、本書を書くという機会を与えていただきました。「数年」と文字で書くと、あっという間に感じますが、その数年でも本当にさまざまなことがありました。奇跡や受難、エゴの視点から見れば、とても良いことも、とても悪いことも、どちらも同じくらい起こりました。しかし、無条件の愛という真理の視点から観れば、全ては必要なことであり、完璧に起こったことです。

この数年の中で一瞥と呼べるような体験はほかにも数度ありました。「非二元のスペース」そのものになる体験、自分が消えて全てのものになるワンネスを体感する体験、思考が一切働かなくなった体験。数時間の体験もあれば、数日、数週間続いた体験もあります。これらの体験全ては、入り口（体験の仕方）は違えど、行き着く先は同じでした。感じ方、体験の感覚は全く違います。初めに起こった一瞥体験のように死の感覚が強烈に起こってくる体験もあれば、そんな感覚はなく、ただ気づくような体験もありました。しかし、その全ての体験において、ただ一つの同じ場所に導かれていったのです。

その場所とは「ただ、在る」という場所でした。場所というと何か特定の空間があるように感じる方もいるかもしれませんが、それは決して特定の場所などではなく、「全て」でした。どの体験にも共通していたのは「在る」、これだけです。どんなに偉大に感じられる体験、神秘体験、奇跡体験、シンクロニシティ体験も全てはこの「在る」に還るための体験でした。シンプルすぎて拍子抜けするほどですが、この「在る」は、体験ではありません。体験ではなく、永遠そのものです。永遠そのものが永遠そのものとしてただ、在りました。そして今も在るし、在り続けています。続けるという言葉が違和感を覚えるくらい、「在る」は在るのです。それは完全な静寂であり、流動であり、平安であり、愛です。

それまでは、悟りとは、どこか到達すべき境地だと感じていました。それはとてもとても遠く、そして果てしない試練の後にようやく到達するような、そんな境地だと。しかし、実際は全く違いました。エゴがただ鎮まれば、沈黙すれば、降伏すれば、常に目の前にあるものだったのです。ラマナ・マハルシは、「真我の実現（悟り）の障害となるのは、自分は実現していない（悟りを開いていない）という考えそのものである」と言っています（参考3）。まさにその通りでした。ついに私のエゴは、「お前はまだ悟りを開いていない。まだ探究を続ける必要がある」という主張をやめたのです。そしてその真理は、**エゴが決して満足しないようなシンプルさと完全な受容**でした。

そうした直観的理解を通して今思うことは、悟りとは到達するものではなく、降伏と明け渡しの先にあるものだということです。しかし、以前の猛烈な探究を行っていた自分にこのアドバイスを授けたとしても、「それでも私は到達しないと気が済まない」、そう答えるように思います。これはエゴの衝動であり、エゴは何かを目標として進んでいくのは得意ですが、静止することは苦手です。むしろエゴにとって静止するということは、死を意味しており、不可能なことかもしれません。だからこそ、そんな精一杯もがく時間も必要だったのかもしれません。もがき抜いて疲れ果てて、その結果として降伏が自然と起こって、「在る」だけがある、というシンプルすぎる真理が見出されたのかもしれません。

「在る」は非常にシンプルですが、その中に全てがあります。宇宙の複雑さを全て包含したシンプルさなのです。だからこそ、「在る」は明晰《めいせき》です。インドの悟りの聖者たちの多くは無学でした。しかし、彼らの元には連日、聡明な学者たちが世界中から教えを乞いにやってきていました。それはやはり、学問をいくら積み上げたとしても決して到達できない真理の明晰さを彼らが体現していたからです。思考で理解することよりも、全細胞で気づくことのほうが叡智が詰まっていることに、エゴは気づくことができません。だからこそ、私たちは思考で理解するよりも、ただ気づく必要があるのです。

神の呼び声はあちこちに

二度目の神の呼び声を聞いて以降、世界を見る視点は全く変わってしまいましたが、それでも人生というストーリーは続いていくことを知りました。一瞥体験が起こったなら、何か夢のような現実が起こって、全ての苦痛・不都合なことから解放されるというようなものは幻想で、毎日ごく普通に、朝起きて経済活動に参加し、夜寝て、また起きる、というような平凡な日常生活は続いていきます。しかし、その中で決定的に変わったことがあります。それは、全ての人々・世界・出来事が神の顕《あらわ》れであり、「全てが神からのメッセージ」だとわかったことです。

そうして生きていくうちに、世界にはあまりにも神からのメッセージがあふれていて……というよりも全ては神からのメッセージそのもので、その全てが真理である無条件の愛へと導いてくれていることが、はっきりとわかっていきました。それはもちろん、自分にとって非常に不都合に感じるような出来事も例外ではありません。

実際に、一瞥が起こった後にも、激しい怒りが湧くような出来事が私の元に何度かやってきました。激しい嫌悪感が湧いてくるような出来事もありました。それら全ての体験が私のハートを激しくかき乱しました。しかし、それらが教えてくれたことは「負の感情や負の思考を否定しないでよい」ということです。それらを否定せずにあるがままに受け入れた時、その奥底にある自分の傷や恐れと出会い、そしてそのさらに奥にある大いなる神の愛に出会いました。では、私の身に具体的にどういった出来事があったのかを少しお話しします。

ある時、私は知人に助けを求められ、その声に応えようとしていました。けれども、その助けを求めてきた知人が、陰では私に濡《ぬ》れ衣《ぎぬ》を着せて、自分を正当化して逃げようとしていることを知りました。そしてそれが、ある程度成功していたことも知ります。その時、私の中に起こったのは激しい怒りでした。その怒りと共に自分の中の悪魔のような声も聞きました。「なんて気持ちの悪い人なんだ。地獄の底に落ちてほしい」、そんな思いが湧いてきました。

怒りの感情は非常に強烈で、それまでの愛に癒やされた平和な波動に比べると、まるで地獄の釜でグツグツと煮られているような感覚でした。しかし、目覚めゆく中で幸いにも、この感覚から逃げようとしても無駄なことは十分にわかっていましたので、自分に対してこの感情をありのままに感じることを許しました。

荒れ狂う感情が過ぎ去ってはまたやってきて、それは数カ月続きました。私の内面はほとほと疲れ果てていました。いつになったらこの地獄の釜から解放されるのだろうか、と終わりの見えない地獄の中で途方に暮れていました。しかし、これも全ては必然として起こっていて、目覚めの重要なプロセスの一部だということもわかっていました。よって「この感情を愛（真我）の中に返したい」という思いで、あるがままに感じ続けました。

そうして一年が経ったある時、激しい怒りの奥底に、傷つき抜いた子どもとしての私の姿を見ました。その子は、幼い時に濡れ衣を着せられたことによるショックで人間を恐れているトラウマを持った子で、その子が理不尽な世界に怒り狂い、愛を求めて怯《おび》え、泣き叫んでいました。その子は見た目がボロボロで、あらゆるところが骨折し、立つこともままならないようでした。そんな子が牢屋《ろうや》に閉じ込められて気が狂ったように助けを求めていたのです。そしてさらに奥深くでは、その子は本当は人が好きで、本当は人を愛したかったということ、皆と共に幸せでいたかったことも知りました。しかし、その願いが叶《かな》わず辛い目にばかり遭って、その結果、深い悲しみがやがて激しい怒りや憎しみへと変わり、それが狂気の思考となり、自分の中に悪魔のような攻撃性を生んでいることが理解できました。私は心の中で聖霊と共にその子をただ抱きしめ、これまで気づけなかったことを謝罪し、神の愛の中に還しました。大きな解放感と共に、愛こそが全てであることをより深い部分で理解した瞬間でした。

このようにあらゆる出来事を通して、神の愛に気づいていけばいくほど、「何があっても大丈夫。あるがままで大丈夫」という感覚が魂の奥底に育まれていったように思います。私の場合、その多くは、受難とも呼べるような痛みの体験の中で見出されていきました。激しい苦しみが私を真剣にさせ、「私は何があっても、全てに対して愛（慈悲・慈愛）だけを選ぶ」、そう決意させたのです。

その感覚が育まれれば育まれるほど、愛のほうが本物の自分であるということが理解され、徐々に自分のアイデンティティがエゴから愛へと移行していっていることに気づきました。と同時に、エゴの主張が静かになっていくことにも気がつきました。エゴの主張が静かになればなるほど、愛と同義語である「在る」がこの世界の全てであり、「在る」が世界そのものであるということも確信されていきました。どんな出来事も、そんな「在る」からの愛の招待状であるということが、はっきりとわかっていったのです。

だからこそ、今ならわかります。母から来る何気ないメッセージも、私に怒りをぶつけてくる人の文句も、意地悪な人が浴びせてくる悪口も、愛に満ちた友人からの励ましも、日常で起こる出来事も、なんとなく散歩している時間に見る景色も、毎日の全てのことが神そのもの(「在る」)であり、魂の成長・進化(悟り)に導くためのメッセージだということが。

神の呼び声は、エゴに心の主導権を完全に明け渡してしまっている間はなかなか気づけませんが、いつでもどこでも起こっています。特別なことではなく、常に私たちは神の王国の中に生きており、全ては神の表現であり、サインを受け取っています。あなたが、この本のページを閉じて、そのあと何気なく誰かと会話するとして、その時受け取るメッセージもまさに、神からのメッセージなのです。

やがて過ぎ去るものから、永遠に過ぎ去らないものへ

目覚めゆく過程で、受難の体験は私の元に何度かやってきて、その都度多くのギフトを残していきました。渦中においては心が荒れ狂い、何度も神に問いかけました。「神様、なぜですか、私はまだこんなものを体験しないといけないのですか。こんなに真剣に愛に向き合ってきたのに。まだだというのですか」

しかし、今振り返ってみると、その全てが必要な体験で、私という魂を徹底的に真我に埋めていくための出来事でした。思えば、それを望んでいたのは紛れもない自分自身でした。

二十三歳の時に「悟り」という概念を知って以降、私の中には常に「これを今すぐに見出さないといけない！」という激しい衝動が付きまとっていたのです。加えて、私の気質は少々せっかちだったようです。その結果、私のエゴはハイスピードでやってくる受難によって、徹底的に神に集中するように追い詰められていったのです。それはたとえるなら、逃走犯である自分が必死で警察から逃げ回っていて、しかしとうとう行き止まりに突き当たり、壁を背に警察からジリジリと迫られているような感覚でした。八方塞がりで逃げ道はなく、あとはもう捕まるだけ。「神から、もう逃げられない」、そんな感覚でした。

しかし、現実世界に起きたことは、逮捕・投獄ではなく、果てしない自由と解放でした。神

は受難を通して私を真の自由へと追い詰めて（導いて）くれていたのです。その結果、真理の探究が終わり、「私は在る」こそが真の自分であるということが気づかれていました。そして、その気づきにさえ気づいている真我が、ただ在りました。

「人類皆、兄弟」「汝、隣人を愛せよ」という言葉があります。この言葉を最も当てはめたくないのが、自分の恨んでいる相手、怒りを感じる相手、感情を揺さぶられる相手だと思います。しかし、私を地獄に落とし、地獄の釜でグツグツ煮たその悪魔は、私のエゴが目覚めへと導かれるために必要な、完璧な役者でした。リリという人生の演劇の中で、私が真理に気づき、それそのものになるために必須の悪役だったのです。彼らが私を完璧に導いてくれていました。そう思うと、この二つの言葉はまさに真理をつく言葉です。彼らは感謝の対象であり、愛すべきありがたい悪役を担ってくれた魂の協力者でした。彼らは私の目覚めのプロセスに協力してくれた愛の存在であり、兄弟だったのです。

どんな神秘体験も、やってきては過ぎ去ります。体験と名のつくものは全てそうです。しかし、真理は体験ではなく、永遠としてただ在ります。私自身、一瞥体験と呼べるような体験を何度かしましたが、その全てはやってきては、やがて過ぎ去っていきました。どうしたら目覚めが完全に定着するのか、以前の私には全くわかりませんでした。まさに自分の意志ではコントロールできない恩寵の領域だと感じ、しかし定着させるために何かをしたい、そんなもどかしさを抱えながら日々を過ごしていたように思います。体験が過ぎ去ってしまった後には常に、「もっと先がある。もっと深く進む必要がある」、そんな思いの中で生きていたように思います。

しかし、そうした探究の日々を続けていたある時、受難に追い詰められエゴが疲れ果てたのか、ふと、自分が悟っているとか悟っていないとか、そうしたことが一切気にならなくなり、気楽に生きていくように意識・在り方がシフトしていっていることに気がつきました。その気づきは、「そもそも探究する自分などいない」という気づきを誘発し、そして「真の目覚めとは何か」ということが理屈抜きに気づかれていったのです。

そして、その気づきにさえも、常に気づいている自分が真我であり、これこそが本当の自分であるという確信が緩やかに築かれていきました。リリという肉体精神機構を通した気づきはそのように、劇的なものではなく緩やかに起こっていきました。エゴが徐々に真我に降伏していったのです。

「ただ在る」という気づきは、過ぎ去ることがなく、ただ在り続けていること、それは静寂であり、静止であり、全きものであるということがはっきりと気づかれ、それは生まれることも死ぬこともないことが理解されています。こんなにもはっきりしたことを、私は必死になって幻想探し求めていました。そして探し求めていたその現実もまた、「在る」の中で起こっていた幻想ストーリーにすぎませんでした。探究も全ては、すでに悟りの中でただ起こっていたのです。

真理は常に今ここで明かされています。それは決して変わることのない不変の真理であり、たとえ地球が消失しようとも、宇宙が消失しようとも消え去ることのないものです。

「私は、在る」

第2章 「神＝在る」とは？

私が偽りなく言えることは、「私は在る」だけだ。それ以外はすべて推測だ。

——ニサルガダッタ・マハラジ

『アイ・アム・ザット 私は在る』

「在る」のさまざまな相

「在る」はあまりにもシンプルすぎて、だからこそマインドは思考のしようがなく、逆に難解にさえ感じられるのかもしれません。しかし、そのシンプルさの中に全ての叡智が詰まっています。だからこそ、「在る」はいろいろな言葉に言い換えることができます。

直観・気づき・明晰さ・愛・慈悲・聖霊・神

ほかにもさまざまな表現方法があるでしょう。ただ、それら全てをまとめて一つの表現で示すとすれば、「在る」とは「全ての源の本質」です。エゴや個としての魂は「在る」がないと存在することができませんが、「在る」は自我や個としての魂が存在していなくても、常に存在しています。存在という言葉が滑稽《こっけい》に感じられるほど、それは絶対的に在ります。エゴや個としての魂は「在る」の影のようなものであり、しかし、私たちはその影のほうを実在する実体だと思い込んでいるのです。

そんな「在る」を、悟りの教えではよく「映画」にたとえます。私たち個人の人生や、その集合体として起こる地球自体のストーリーは、全て映画の映像であり、二〜三時間経ったら映画が終了するように、私たちの人生もやがては終わりを迎えます。しかし「在る」は、その映像を映し出すスクリーンであり、スクリーンはどんな映画が自分の上で上映されたとしても関係なく、ただスクリーンとして在り続けます。

私たちは、映画を見ている最中はその映画がスクリーンに映し出されているということを忘れ、その物語に没頭します。スクリーンはただ黙ってそれを受け入れており、どんな映画が上映されようとも、スクリーンが何かを主張することはありません。どんな映画も受容して、それらを上映するのです。そして、映画の中で火事が起ころうと、戦争が起ころうと、日本が沈没しようと、スクリーンには一切の影響がなく、映画の中で洪水が起きようともスクリーンが濡れることはなく、映画の中で地球が滅びたとしてもスクリーンには何の問題も起こりません。スクリーンは映画の内容がどんなものであれ、それに一切影響を受けることなく、ただ在り続けているのです。

映画の映像は、スクリーンがなければ映し出されることはありませんが、スクリーンは、映画が上映されていなくてもただ在り続けています。私たちの人生ストーリーはまさに映画の映像そのものです。どんなストーリーなのかは、人それぞれの運命・宿命によって異なりますが、とにかく決まっていることは、始まっては終わり、始まっては終わり、やがてはそれも過ぎ去っていく、ということです。しかし、スクリーンである「在る」は、そうしたことには一切関係なく、始まりも終わりもなく、ただ在り続けています。

エゴはこの真実を理解することができません。自分は「自分の人生」という映画の中の主人公であり、だからこそ「スクリーンではない」という主張を続けています。そしてほとんどの人がそんなエゴの声を信じ込んで、自分はエゴそのものだと思い込んでおり、その結果、自分は映画の中の役者そのものだと勘違いしているのです。

しかし、本当のあなたはスクリーンの中の役者ではなく、スクリーンそのものなのです。そしてこれを知った人こそ、この世界の真実に目覚めた人であり、完全に目覚めたなら、そこに個としての存在はもはや実在しておらず、それら全てはスクリーンに映し出された実体のない幻想であるということが理解されます。スクリーンとしての私だけが真実として在るということにはっきりと気づくのです。

「在る」は唯一の実在ですので、決して捨て去ることのできないものであり、全てを捨て去ってもなお、最後まで残るものです。永遠不変の映像はこの世界に存在しませんが、それを映し出しているスクリーンは永遠不変です。やがて過ぎ去るもの、やがて朽ち果てるものを全部捨てていったとき、最後にたった一つだけ残るもの、それが「在る」です。そして、捨て去った全てのものは、この「在る」の中の一部なのです。

「在る」に対する探究者のジレンマ

「私はまだ〈在る〉ではない。私はまだ悟っていない」と思考（マインド）が表明して、それを真実だと信じてその証明をしようとし始めたとき、そこには「分離した自分（エゴ）」と「悟り(在る)」の二元性が生まれます。「真我ではないものを消し去らないといけない自分」と「真我」というような距離が生じるのです。

「距離などない」

「エゴとしての〈私〉などいない」
「悟りを開く〈私〉などいない」
「〈在るとしての私〉がある」

ただそれを直観的に理解した気づきそのものが、悟りなのです。

そんなあまりにもシンプルな気づきに対して、思考がいかに「私はまだなのです！　私はまだ悟っていません！　だから、努力してそれに到達する必要があります！」とアピールしたがっているか、気づけますか？　その声こそが、まさに真理との距離を生じさせ、真理から引き離しているのです。その主張自体、エゴのトリックなのです。

そして、エゴの「私はまだです」という囁《ささや》きは、いつの間にか「自分は真理の探究者である」というアイデンティティを構築し始めます。その結果、探究者としての自分に愛着さえ湧き起こるかもしれません。そしてエゴは、「私は真理の探究者です。ですから、一般の人々と自分は違うのです」と主張を始めます。それらも全てはエゴのトリックです。エゴは悟りさえも自分の一部として取り込もうとしていきます。もし「自分は真理の探究者だ」という思いが強くあるのならば、真理の探究者としての自分にしがみつこうとしているエゴの策略に気づいてください。その声が幻想からきている声だということを、ただ観てみてください。

インドの覚者であるプンジャジ（通称パパジ）はよく、探究者に向けて「ただ、静かにしていなさい」と言っていました（参考5）。エゴが静かになれば、「私はまだ悟っていない」と考え始める人はそこにいません。だからこそパパジは、思考をやめ静かにすることを推奨し続けたのだと思います。しかし探究者は、数秒静かにして、その後にまたパパジに質問を始めます。「はい、静かにしました。ところでパパジ、真理はどこにあるのでしょうか？　どうすれば悟りを開けるのでしょうか？」と。実のところ、パパジが最初に導いたその静けさこそが、悟りそのものなのです。

「在る」は何も主張しません。ただ、全てを明晰さの中で受容し、愛という性質でそれを表現し続けています。「在る」とは宇宙世界の源の本質であり、それはあなたと一切分離していません。神とあなたに距離はなく、あなたが悟りそのものなのです。

直観としての「在る」

「在る」は、思考を通して理解されるというよりも、直観で気づかれます。よって、真理を直観的につかむためにどれだけ勤勉に勉強して数えきれないほどの本を読んだとしても、実際の直観は感覚的なものであるため、獲得した知識を手放すことのほうが重要なのです。

例えば、あなたが人生で一度もケーキを食べたことがなかったとします。あなたはケーキが食べたいのですが、一度も食べたことがないので、ケーキの味を少しでも知るために、ケーキの本を読むことを思いつきます。しかし、百冊読んでも千冊読んでも、実際に食べてみないことには味を感覚的につかむことはできないのと同じように、「在る」もどれだけ真理の本を読んだとしても、それを想像することしかできません。それよりも、直観的に知ろうとするほうが、より真理に気づきやすいのです。

ただそうはいっても、やはりケーキの味を少しでも想像したくて本を必死に読む気持ちもわかります。だからこそ、読みたい時期は読みたいだけ読めばよいとも思うのです。それによってケーキを食べることへの渇望がより強烈になり、その結果、「求めよ、さらば与えられん」の言葉通り恩寵がやってきて、直観的に理解することが起こる可能性もあるわけです。

真理の道においては、「在る」を直観的に確信すること。

重要なことは本当にこれだけです。

直観としての「在る」は、この世界の本質そのものです。あなたは悟り・真理こそが本当の本質であると気づいたからこそ、今こうして本書を読んでいるのではないでしょうか？　もしくは何かがあなたをここに導いたのではないでしょうか？　その直観や導きはどこからきたのでしょうか？　外側の何かからでしょうか？　それともあなたそのものからでしょうか？

あなたはすでに直観を体現しています。その直観にあなたの主導権を任せてください。思考で直観をコントロールしようとするのではなく、直観に主導権を譲ってください。直観が思考を従えるようにするのです。すると、自然とあなたは真理へと導かれていきます。

結局私たちは、理性としての完全理解を諦めたときに、この直観的洞察を見出します。この洞察が起こったなら、それ以上の真理への問いかけに対する欲求はなくなります。もはや、質問する必要性がないのです。

「質問することは何もない。真実は今ここで明晰である」

そう感じたとき、あなたは知的理解ではなく、直観的理解を見出しています。この理解は「世紀の大発見！」というようなドラマティックな感じではなく、非常に静かで、深い安心の中にある、穏やかな確信です。

気づきとしての「在る」

「在る」の気づきこそが真の知識であり、真の自由とは、ただひたすら「在る」に気づき続けていることだともいえます。だからこそ、「在る」を理解しようと考え始めるのは、一種の拷問のように感じられるかもしれない……、以前の私を振り返ると、そう思います。

というのも、「在る」を理解していない状態で「在る」について考えるということは、全くもって理解が難しく、わかりたいのに全然わからない状態が延々と続くような感じがするからです。そうしたときというのは、思考が必死になって「在る」を理解しようとしているのですが、「在る」は思考では決して理解できない領域であるため、それに対する渇望が強ければ強いほど、簡単すぎるように感じるのに全く理解ができない、どうしてもつかめない、という感覚になるわけです。たとえるならば、目の前に雲があったとして、その雲をつかみ取れるものだと信じていて、「つかみたくてしょうがないのに、いくら頑張ってもつかむことができない」、そんな感覚に近いかもしれません。

悟りとは、結局「在る」に気づき続けていることです。この気づきにおいては、どんな努力も必要ありません。気づこうとして気づいているのではなく、ただ、気づきが気づいているのです。思考が気づいているのではなく、ただ気づきだけがあります。行為者がいて、その人が何かに気づくのではなく、気づきという純粋な真理が真理自身で気づいているのです。

しかし、探究の間はどうしても、行為者としての自分が気づこうと頑張ってしまいます。だからこそ、気づきは努力や集中力を要するものだと感じ、そしてその気づきの中でもどこかピンとくるものがなく、しまいには惨めになってしまうのです。

気づきとしての「在る」は、そうした行為者の感覚が薄れていったときに見出されます。よって気づきに気づくためには、まずその気づきを行為者として行おうとしている自分自身（エゴ）に気づいていく必要があるのです。そして、その個人としての自分が何かに気づくのではなく、「個人としての自分が静かになったときに自然に現れる気づきとは何だろう？」と問いかけてみるほうが、気づきへの鋭い洞察のきっかけになるのではないかと思います。

これは一種の挑戦かもしれません。というのも、マインドは絶えずあなたをエゴ意識に呼び戻し、一体化を求めるからです。私たちは無意識のうちに、悩み苦しみと自分を一体化したり、感情に飲み込まれたりしてしまいます。究極、それでもいいのです。そのありのままのプロセスを尊重しつつ、しかし気づくことを意識するのです。これは忍耐を要する道かもしれません。しかしそれは根性的な忍耐ではなく、聖なる忍耐です。

悟りのたとえ話でこんな話があります。

ある男性が車の運転を習い始めました。いくつかのレッスンを受けて、彼はある程度の上達を感じました。しかし、彼はまだ免許取得のテストには合格していませんでした。ある日、彼はとうとうテストを受けることを決心し、助手席の教官と一緒に高速道路を走ることになりました。彼には十分な自信があり、もう大丈夫だと感じていました。

しかし、途中から雨が降り始めました。教官が「ワイパーを動かしてください」と言いました。それで、男性は早速ワイパーのスイッチを入れました。すぐにワイパーが右に左に動き始めます。彼の集中は、なぜかワイパーのほうに向きます。視点がワイパーの動きにつられて、右へ左へと移動します。そのせいでハンドルも右へ左へとつられて車が右往左往します。

周りの車は彼の運転が危ないのでクラクションを鳴らします。

「おい、あいつは何をやってるんだ！　事故になるぞ！」

怒りと注意喚起のクラクションです。彼はそんな状況にすっかり不安になってしまい、教官にお願いします。

「もうダメです。止まらせてください」

ですが、教官は首を縦に振りません。

「だめです。道に集中してください。このまま道に集中してください」

しかし、彼はいまだにワイパーに注意を奪われ、集中できません。

「いえ、こんな状態ではとても運転できません！」と言います。でもやっぱり教官は止まらせてくれません。高速道路にいるので止まれないのです。そこで彼は別のお願いをします。

「では、ワイパーを少し遅くすることはできますか？」

教官は言います。

「いいえ、だめです。雨がひどいので危険です。このまま道に集中してください」

車は相変わらず右往左往して、周りの車からのクラクションも鳴り止みません。彼は最初の自信もどこへやら、完全に不安になっていました。

「もう限界です。事故を起こしてしまいます！」

それでも教官は道に集中させます。その先、何が起きたでしょうか？　運転していた男性の集中がある時点でワイパーから道へと移行し、確立しました。一度、その集中が確立されると、ワイパーが動こうが、それが普通のスピードであろうが速いスピードであろうが、彼は一切気になりません。なぜなら、彼の集中が確立されたからです。彼は大雨の中であろうと平安を保ちながら運転できるようになりました（参考6）。

気づきを保つこともこのたとえ話と同じです。多くの人は自分の思考が忙しすぎて、気づきを保つことは不可能だと言います。人生には絶えず、あらゆることが起こって、そんな余裕はないと。しかし、それはエゴの主張であって、真実、あなたはいつでも気づき続けています。その視点を思い出すだけでいいのです。最初は思考や現実の出来事に翻弄《ほんろう》されて、なかなかうまくいかないかもしれません。しかし気づきへの集中――つまり「在る」そのものを求めれば、それはいずれ必ず与えられるのです。

真の心の静けさはこの気づきの状態から生まれます。しかし、多くの人々はそれに気づくことがありません。それゆえに、心の苦しみを少しでも忘れさせるために、外側の何かに解放を求めます。

依存性を持つ物質は、その瞬間は自分の苦悩から抜け出す時間を作ってくれます。アルコール、タバコ、セックス、ギャンブル、麻薬、こうしたものは一時的に思考を抑制し、快楽を生み出します。しかし、それらが導くのは自由ではなく、依存です。なぜなら、そこには気づきが欠けているからです。

真理に対する盲目さの中で苦悩から一時的に抜け出したとしても、そこにあるのは「もっと、もっと！　一時的では足りない！」という渇望であり、真理に対する気づきがなければ、本質的な解放を知ることはありません。しかし、その真理への気づきは常にそれそのものとして、あなたの目の前に――あなたの中にあります。

明晰さとしての「在る」

明晰とは、明らかではっきりしていることですが、「在る」はいつでも明らかではっきりしています。明らかすぎてはっきりしすぎていて、それがあまりにも明晰なので、多くの人がその当たり前すぎる真理を忘れて、「私は〈在る〉ではありません。〈在る〉と私には距離があります」と考え始めます。

考え始めた時点でそれはやはりマインド（思考）の働きであり、マインド（思考）が働き始めた時点で、人は個人という感覚を軸に考え始めますので、「在る」からの幻想の距離が生まれるのは避けられないことです。しかしそんなときであっても「在る」が消え去ることは一切ありません。もし地球が滅びたとしても「在る」は変わらずそこにあります。

この「在る」の視点で世界を眺めると、明晰さとは何かが理解され始めます。

「全てはあるがままで完璧である」

「悟りとは非凡で神聖な境地なのではなく、ただ、あるがままである」

こうしたことが明晰さの中に見出されていくのです。結局、「在る」の明晰さも言葉で理解するのは難しく、感覚的な理解でしか育まれないのかもしれません。

しかし、そのうえでなお、このリリという肉体精神機構を通した理解をお伝えすると、「全ては全き愛の中で赦されている」という直観的理解が明晰さを見出す触媒になると感じています。全き愛とは、一切欠けた部分のない愛のことを指しますが、この視点が、自分が無意識に保持しているあらゆる信念体系を解体していきます。

エゴは常に愛から離れた視点で世界を見るので、どうしてもそこに倫理観や道徳観、はたまた自分の保持する常識が関与していき、そうした観点を軸にありのままの現実へのジャッジが起こっていきます。例えば「悟りとはこうあるべき」「悟りに相応しい服装はこう」だとか、ほかにも「人を傷つけることは悪」「男性は怖い存在」「自己犠牲は美しくて自己愛は醜い」など、人それぞれに無限の信念があります。それらは「自分が正しい」という思考を軸に温存されるので、無意識に外側へのジャッジが起こっていきます。

明晰さは大抵、そのような「個としての私」から生じる思考、さらにそんな思考から生じる信念、そしてそんな信念によって生み出されていく人生ストーリーという幻想のヴェールによって覆われ、曇ってしまっているのです。そうしたエゴのヴェールが取り外されてありのままの世界を見るとき、明晰さという言葉の意味が真に理解されます。その真実を見抜ければ、探究は終わり、平安だけが残ります。明晰さの視点から世界を観たならば、それら全ては全き愛の中で全部赦されており、幻想として起こっているものだと理解されるからです。

だからこそ、何かを否定したり議論したりする必要はないのです。そんなものは放っておいて、今にくつろげばよいのです。明晰さの中では、「あれは絶対に正しくて、あれは絶対に間違っている」というような思いが手放されるので、ありのままにくつろげるようになっていきます。

それはやはり、愛は全てを受け入れていて、ジャッジすることなく「ただ、在る」からであり、これだけが真実だとわかっているからです。個人という幻想が静かになっていくと自然に明晰さが顕現されていくのです。

本来、私個人が世界を見ているのではなく、この「明晰さ」が世界を観ているのであり、そこには自分の信念やエゴの持つ恐れといったフィルターがかからず、ただ「在る」としてあるがままに世界を観るという視点があります。それは言い換えるならば無償の愛の視点です。全てを受容していて、個としての自分の解釈で世界が進んでいくのではなく、「在る」として、全てが行為者なしにただ、起こるべくして起こっている——そんな視点です。

ただ、この明晰さは必ずしも一気に起こるというわけでもありません。ある日突然、劇的にこれまでのエゴのヴェールがバーンと取り払われるかといえば、そんなこともないのです。それは人生という演劇の中で緩やかに起こることも多く、徐々にエゴというヴェールが脱ぎ捨てられ始め、気づけば明晰さだけが残っていたとふと気づく、そんなことも多々あります。リリという肉体精神機構に起こったことは、まさにこちらのほうだったように思います。「あれっ、いつのまにか真理の探究の必要も、真理に対する疑問も、なくなっている」と、そんな感じでした。なぜなら、真理は今ここで、明らかではっきりしているからです。

リリという人間の人生ストーリーも、肉体が続く限り続いていきますが、しかしそれらは全て明晰さの中でただ起こっており、その明晰さとは、リリという人間が続けていく人生ストーリーの本質を見抜くことと同義でした。それまでの私は、悟りをあまりに大きな偉大なものとして捉えていましたが、悟りとは常にシンプルで軽やかな「在る」としての明晰さそのものだったのです。

愛としての「在る」

「在る」の表現方法はさまざまですが、「愛」と表現することもできます。それはひょっとすると、人間世界で慣れ親しまれている愛とは全く違う愛かもしれません。というのも、愛という言葉は、その抽象度の高さゆえに、これまでたくさんエゴに利用され、それゆえに誤解されてきた言葉でもあるからです。

「在る」としての愛は無条件のものであり、全きものです。しかし、人間世界でよく使われ、なじみのある愛は、完全なる愛ではなく、愛と憎しみの二元性を抱えています。そこには情が絡んでおり、ややこしいので、ここでは「愛情」と表現することにします。

愛情とは感情の一つであり、やってきては過ぎ去るものです。だからこそ、ある日は愛情があったけれど、ある日は憎しみに変わっているというように、変化する可能性を秘めています。

一般的に最もなじみのある「恋愛における愛」と呼ばれるものの多くは、愛情であることが多く、それは「性欲」「外見への魅惑」「金銭欲」「孤独を避けるための手段」などのあらゆる欲求を含んでいることもしばしばです。恋愛における愛情には、自分にとって魅力的なもの、自分にとって利益のあるものが含まれていますので、キラキラして見えたり、心が激しく動かされたりします。そして、その激しい情動があまりにも魅惑的で素晴らしいものなので、神の愛と同じものだと勘違いしてしまうのです。

しかし、その人と関わる中で自分にとってのデメリットが見つかったり、もはやメリットが見つからなくなったりした途端、愛情が冷めたり、愛情が憎しみに変わってしまったりすることもしばしばです。相手や状況が自分の望み通りになれば、もしくは自分のデメリットにならなければ愛情を感じるけれど、自分の望み通りにならなかったり、自分に不利益をもたらしたりする場合、程度の差はあれど憎んだりします。

地球上で慣れ親しまれている愛情は、そんな二元の両極を振り子のように行ったり来たりしています。だからこそ、「愛が終わった」「愛が冷めた」などというふうに、愛の終わりを告げるような表現も存在するわけです。結局、愛情という言葉の奥には、利害関係が隠れていることがほとんどなのです。

利害が関わるがゆえに、愛という言葉を盾に、他者をコントロールしようとすることさえあります。これは恋愛に限らず、親子関係や友人関係など、あらゆる人間関係に当てはまります。親子関係の場合、親が子を自分の思い通りにコントロールするために「これは愛情によるもの」「あなたのため」と言ったりすることがあります。しかし、そこには親のエゴが隠れており、子はそうした愛情の教育を受けた末に、「自分はありのままの自分では愛されない」と認識するようになり、その結果、良い子を演じて親に服従するようになったり、もしくは非行に走るなどして親の抑圧に必死に抵抗したりします。

ほかにもさまざまな反応がありますが、そうした歪んだ愛情を受け取った子どもたちは、しだいに愛という言葉を偽善的なものに感じるようになっていきます。そこにエゴがくっついていることを本能的に感じ取るからです。私自身も以前はそう思っていたうちの一人です。ですから、愛という言葉が嫌いで、テレビなどで「愛は地球を救う」なんて言葉を耳にしたら、怒りさえ感じたものです。愛は地球を救うどころか、たった一人私さえも救っていない、むしろ苦しめていると感じていたからです。このように、以前の私を含め多くの人々は、愛を非常に狭い偏った視点から捉えています。愛情とは行動や行為や感情であり、どこからかやってきては過ぎ去るものだと認識しているからです。

しかし、本当の愛――つまり、「在る」としての愛は、そうした愛と憎しみを包含し超越した愛です。全てを赦し受け入れてただ、在ります。よって愛と憎しみという二元性から完全に自由な無条件のものです。そしてその愛は、感動的かつドラマティックに何かを愛するというよりも、ただ愛として在ります。愛は行為というよりも、普遍的な状態なのです。それは、慈悲・慈愛の根づいたものであり、謙虚さと言い換えることもできるでしょう。

愛は努力して生み出すものではなく、真理への理解と共に自然と湧いてくる感覚です。それは副産物のように自然と湧き上がってきます。無知さが取り払われ、明晰さの中に自然と愛が見出されるのです。行為者という感覚が何かをジャッジするという意識が不在になったとき、自然と起こります。「人に罪はあらず、無知（エゴの特性）に罪あり」という意識で世界を眺めるようになります。一見、悪魔のように見える人も、実は根源的な部分では悟りを求めており、迷える子羊であり、全ての存在は赦されているということが明晰にわかるようになり、それゆえに子羊に対しての慈悲・慈愛が湧いてくるのです。そしてそれらは全てただ起こっており、完全な真理への理解が共にあります。

神としての「在る」

神という言葉を聞いたとき、どんな印象を覚えるか、それは人それぞれ千差万別だと思います。宗教的な神を思い浮かべる人もいるでしょうし、自分の願い事を叶えてくれるサンタクロースのような存在だと感じる人もいるかもしれませんし、自分を罰する恐ろしい存在、人間とは遥《はる》か遠い存在だと感じる人もいるかもしれません。そのように神はこれまで、人々のさまざまな意識の投影対象としてあらゆる役割を担ってきました。

しかし、神の真の正体は非常にシンプルです。

「在る」

これが神の正体であり、〈神の名前〉です。

神は思考した先にあるものではなく、「在る」という絶対的に取り払うことのできないものとしてあります。それは永遠であり、概念とは関係のないものであり、一元なるものであり、この宇宙世界の源の本質です。

想像してみてください。私たちのこの世界の全ては「在る」が土台となって存在しています。「在る」がなければ全ては存在しようがないのです。「在る」が全ての源であるということはこんなにも明白なのです。全ては神の中にのみ、在ります。「在る」の中に在るのです。神はあなたの外側の誰かやどれかではないのです。個人の私とか私以外とか、そんなものを全て取り払った後に、最後に残るもの、これが「在る」であり、神の姿です。そしてこれは、全て内側に見出されるものであり、あなたはすでに神の中に在ります。

神が人間をジャッジすることはありませんし、神はそもそも人間に何も強制しません。この真実もまた、映画でたとえるとわかりやすいかもしれません。上映されている映画の映像がエゴの人生ストーリーだとすると、スクリーンが神です。

この世界にはたくさんの映画があります。非常に残酷な映画から非常に愛にあふれた映画までさまざまです。戦争映画があれば、平和な映画もあります。エゴはいろいろな光と闇の物語を生み出します。それに対して、スクリーンである神は罰を与えるでしょうか？　そんなことはなく、ただスクリーンとして、それを映し出しているだけです。スクリーンからしたら、良い映画も悪い映画もありません。全てはただ、幻想として、神の中でただ起こっては過ぎ去っていきます。神はその映画の内容に一切関与せず、しかしあるがままに受容し、全てを赦し、全き愛として見守っているのです。

真我としての「在る」

真の我と書いて「真我(しんが)」ですが、つまりは本当の私という意味合いです。真の我は「在る」であり、英語でいうならば「I AM」なのですが、エゴは「私が本当の私です」といつも絶えず主張を続けていますので、その真実が隠されてしまいます。しかし、いつでも真我は存在しており、常にあなたという肉体を通して体験されています。

あなたが赤ん坊として生まれたばかりの頃は、このエゴの主張はありませんでした。だから、赤ん坊としてのあなたはただ「在る」として在り続けていました。「在る」として泣いて、「在る」として笑って、「在る」として眠っていました。しかし、赤ん坊と賢者の違いは、赤ん坊の魂には自我の種が埋まっていますが、賢者の魂には自我の種がもうないということです。つまり、個としての魂が、一なる魂である「在る」に明け渡されてしまったのです。

赤ん坊の魂には自我の種が植わっていますので、成長の過程で徐々に自我（エゴ）が芽生え始めます。そして、自分自身のことを「それ」としてではなく、「私は○○（自分の名前）」というふうに認識し始めるのです。さらに成長すると、今度は鏡の向こうに映っている自分が自分であると認識し始めます。そうしてどんどん自意識を芽生えさせ、エゴは個人としての自分こそが絶対的な本当の自分だと信じ始めるのです。世界的に有名な哲学者デカルトは、この思考している私の存在は疑い得ないとし「我思う、ゆえに我あり」と提言しました。この言葉の真意はわかりませんが、多くの人がこの言葉をエゴの存在証明と捉え、「エゴ＝私」と思い込んでいます。

しかし、それはエゴの巧妙な信用詐欺であり、本当の私は鏡に映るその人ではありません。本当の私は時間の経過によって形状を変化させたり、朽ち果てたりするものではなく、常に不変かつ永遠の私として在り続けるものです。真の我だと勘違いしているエゴとしての私は生まれ、寿命を迎えると死にますが、真我は決して生まれることも死ぬこともありません。真我でないものは、何であれ、それ自体の中に終わりが含まれています。新しく現れたものはいずれ古くなりやがて朽ち果てます。創造されたものはいずれ破壊されます。それがたとえ十億年破壊されずに残ったとしても、十億一年目には破壊されているかもしれないのです。

そうして現れては消える、その根源にあるものは何でしょうか？

肉体として生まれる前のあなたは何でしょうか？

前世以前のあなたは何でしょうか？

個としての魂以前のあなたは何でしょうか？

その根源にあるもの、それが実在であり、真のあなた、真我です。「自分はこういう存在だ」という思いや「私はこういうアイデンティティを持っている」というようなエゴの自己限定する観念が終わったときに、自然に見出されるものです。あなたに対する観念が全て取り払われ、エゴが個人としての自分という主張をやめたときに残っている感覚、これがまさに「私は在る」なのです。

「在る」は完全な一人称であり、そこには客観性・二人称はありません。ただ存在への気づきがあるのみです。そしてそれは純粋な意識ということもできます。この純粋な意識においては、全ての人生ドラマは幻想であり、かつその本質を傷つけることは絶対に不可能なため、軽やかで平安な存在そのものとして、真理は「至福」と表現されることもあります。インドのヒンドゥー哲学のヴェーダーンタ派は、それらの真実を「sat-chit-ananda」と表現しました。「存在－意識－至福」という意味であり、これらは全て、真我そのものを表しています。

第3章 「在る」の洞察

観念でない唯一のもの、唯一の真実は、在るという感覚、「私は在る」です。

――ラメッシ・バルセカール

『意識は語る』

「在る」を忘れさせるもの

あまりにそれそのものであり、常に私たちと完全に一体であり距離ゼロである「在る」という真理を邪魔する唯一のものはエゴです。エゴとはつまり、「個人として自分が存在している」という意識から生じる「私の～」という感覚です。私の思考、私の人生、私の身体……、そんなふうにエゴと自分自身とを同一化させた時点で、私と「在る」とに距離が生まれ、「在る」への忘却が起こり始めます。結局、エゴの主張がある限り、そしてそれを信じてしまう限り、「在る」を完全に見出すことはできません。

エゴが鎮まり、エゴが自分ではないと直観的に気づいたとき、自然に残るものが「在る」です。断捨離ならぬ、全捨離してもなお残っているものが、この「在る」なのです。

こうして書いてみると、「在る」であることは非常に簡単なことのように感じられます。しかし、多くの人がそのシンプルさゆえにジレンマを感じるようです。その原因もやはり、エゴにあります。

マインド（思考）は基本的に落ち着きがなく、常に動いているものです。次から次へと思考がやってきて、それと感情がくっついて時に怒ったり、時に泣いたり、時に喜んだりします。私たちはある意味で、常にマインド（思考）によって、「在る」に集中するための気を散らされているような状態なのです。そしてエゴは、「気を散らす要因は全て外側にある」と考え始めます。外の世界に「理不尽な存在がいるから」、「腹立たしい現実があるから」、だから私は「在る」に集中できない、それが本当の自分だと気づけない、と感じ始めるのです。

しかし、外側の世界は全て、内側のエゴの働きの投影であり、鏡です。ですから、もし気を散らす何かに出会った場合（それは時に強烈さを伴うこともあるかもしれません）、それに反応している内側を見るように、心を訓練していく必要があります。外的な世界のせいにしている限り、意識は「在る」からそらされ続けます。外的な世界は無視して、心の平安を妨げている内側の恐れや苦しみに向き合い、それらと対話し、無条件の愛の視点で関わることによって、エゴは鎮まっていきます。その結果、心の平安を妨げるものが減っていき（実際には減っていないのですが、自分の捉え方が変わってしまったため、減ったように感じます）、それによって「在る」の中でくつろげるようになっていくわけです。

人生の本質、生きる意味

心が訓練され、癒やされ、「在る」にくつろげるようになってくると、この世界は本質的には何の意味もないことがわかってきます。意味はなく、人生という演劇がただエンターテイメントとして起こっているだけであることがわかります。演劇の中で起こる出来事は、演劇の中では意味がありますが、演劇の外側では一切意味がなく、ただ「〈演じられた幻想劇〉があるなあ」というだけです。

私はよく、現実だと思い込んでいるこのエゴ世界と目覚めに関して、こんなふうに感じます。エゴの宇宙世界は、いわば壮大な遊園地みたいなもので、その中には地獄ゾーンもあれば、天国ゾーンもあります。地獄ゾーンには、お化け屋敷があったり恐ろしい存在がたくさんいたりして、しかしそれはそれで遊園地のよいスパイスになっています（実際、ほとんどの遊園地にお化け屋敷があるように）。天国ゾーンには、夢のように輝かしく気分を高揚させてくれるような乗り物やキャラクターなどが存在しています。私たちは興奮し、幸せや喜びを感じます。地獄ゾーンも天国ゾーンも、地球においてはそれぞれに遊園地の重要なエッセンスの一つであり、ほかにもスリルを感じられるジェットコースターなどがあります。ジェットコースターは私たちの感情面のようなもので、上がったり下がったりを繰り返して、それが楽しいのです。下がるからこそ、上がるのが楽しいし、上がるからこそ、下がるのは怖くてそれがスリルになって、結局楽しい。そんなふうに私たちの魂は、このエゴ世界をあらゆる体験によって満喫し、味わっているのだと。このように、この宇宙遊園地は壮大で、時に非常に美しく、しかし時にとてつもなく残酷で、激しいドラマ性を持った世界であり、なかなか飽きない場所です。

しかし、そんないろいろな意味で飽きない遊園地でも、それを一万回味わい抜いた人は、ふと思い始めます。

「もういい加減、遊園地から出たい。もう、いい」

そして実際に遊園地から出ようとし始めます。しかし、エゴは、遊園地からの出方がわかりません。扉は頑丈に閉まっていて、その扉がどこにあるかすらわからない、という幻想が強固にあります。だからこそ、出ようとしてもなかなか出ることができません。そして絶望し、惨めさを感じます。しかし、諦めずに遊園地から出ようとすると、ある日、突然大きな気づきが起こります。そもそも遊園地自体、存在しておらず、だからこそ、遊園地から出る必要などそもそもなかった、ということに気づくのです。明晰な意識でその真実に気づいたとき、遊園地は幻想だと看破されます。そこでようやく、遊園地から脱出・解放されるのです。出た世界はどんな世界か？　そこにあるのは「在る」のみです。遊園地という存在自体はこの「在る」に支えられており、幻想が消えた今、残ったのは土台であった「在る」のみだと気づくのです。

では、遊園地での日々に何の意味があったのか？　あえて意味をつけるとするならば、それは愛と恐れ、それによって生じる光と闇、天国と地獄といった二元性を思いっきり楽しみ、飽きるまで堪能することなのかもしれません。つまり、生きることそれそのものに意味があり、しかし、本質的には意味はないのです。

「私の」病からの解放

「人生には、本質的に意味はない」

そんなことを聞くと、虚しくなったり、拒否反応が起こったりする方もいるかもしれません。

そのような場合は、「私の人生」という意識を緩めていくとよいように思います。エゴは「私の～」という意識でもって、人生を楽しむようにできています。「私の成功」「私の家」「私の家族」……といったように、「私の～」という感覚で自分のアイデンティティを構築していくのです。

それ自体は特に問題はありませんが、ただ、そうすると執着も一緒にくっついてきます。「私の成功を失うわけにはいかない」「私の結婚は私の期待通りになるべき」「私の現実は私の思い通りになる必要がある」「私の輝かしい功績をこれからも守る必要がある」……と。この執着が苦しみを生み出し、しまいには、「私の獲得する悟り」という観点から、「私は悟っていない」という思いさえ、発現させていくのです。「私は悟っていない」のではなく、私という意識が鎮まったとき、悟りが自然に見出されますので、私が悟るのはそもそも不可能なのです。よって、「私の悟り」ではなく「**私がいないときに自然に残っているものが悟り**」ということになります。「私の〜」という感覚は、ある程度は楽しいものです。「自分のもの」という感覚は、どこか優越感や特別感があり、それによって自分という個人の尊厳が保てるような気分になることもしばしばです。

ただ、この世界は二元世界です。光があれば闇があり、善があれば悪がある。その二極性が、それぞれの概念の存在を支えています。陽があるからこそ、陰が認識できますし、陰があるからこそ陽が認識できるわけで、世界に陽しかなければ私たちは陰陽という概念を生み出すことができません。善も悪も、天国も地獄も、そのようにそれぞれが支え合い、概念が生じています。よって、「私の優越感」がある限り、「私の劣等感」も必ずくっついてきます。「私の幸福」

は「私の不幸」を呼び寄せ、「私の自由」は「私の束縛」を呼び寄せます。

こうした不毛な行ったり来たりを終わらせる唯一の方法は、「私の〜」という意識を緩めていくことです。

本来全ては「在る」から生じていますので、神のものなわけです。よって、「私の〜」を「神の〜」と変換するようになれば、私たちはそうした二元性の行ったり来たりから解放されます。「神の成功」「神の悟り」「神の人生」……と、そんなふうに。そうすると人生のあらゆる重荷からも解放され、自然と謙虚さが顕現していきます。「私の人生」などそもそもないので、虚しさもなく、真理に真理としてくつろぐだけです。そこに残るのは、誰のものでもない平安と謙虚さです。

知的な無知からの脱却

「在る」だけがこの世界の真実だと理解できたならば、「在る」以外の概念は人間が後からつけたものでしかなく、自分の「知っている」という思いが、いかに無知を土台に形成されているのかも見えてきます。本当は何も知らないけれど、それではこの世界でコミュニティを形成していくことも会話することもままならないので、私たちはあらゆるものに概念をつけて、知っているように思い込んで会話をしている、というのが現状です。何も知らないまま、知っているふりをして生きているのです。

にもかかわらず、私たちは「概念を知らないこと＝恥」というような感覚を、どこか共通認識として持って過ごしているように思います。そもそも教育制度自体が、概念を知るためのものですし、知らないものが多ければ多いほど、テストの点数も下がり、それによって親や教師に怒られるというのがこの世界でスタンダードに起こっていることですので、ある種しょうがないことなのかもしれません。

しかし、本来、私たちは何も知らないのです。自分自身のことさえ、よくわかっていません。概念化されていない人間とは何なのか、宇宙とは何なのか、何もわからないまま全て知っているかのような気で生きています。インドの覚者ラメッシ・バルセカールは、教育のことを「学習された無知」だと表現しました（出典7）。友人にオックスフォード大学をトップで卒業したイギリス人男性がいますが、彼もまた、学問を追究し抜いた結果、学問では真理を何も知ることができないと確信し、結局、悟りの教えに導かれていきました。

だからこそ、私たちは知的な無知の中に安住することをやめ、「本当は何も知らない」という真実に対して、心を開いていく必要があります。何も知らないという真実に心を開くと、唯一知られているものが鮮明に浮かび上がってきます。それは「在る」ということです。

「私は在る」

これだけは確かなことです。あとは全て概念であり、「在る」だけが概念とは関係なく、真実として常にその主張を続けています。何も知らないということを認めることはつまり、真実への扉を開く大きな一歩となるのです。

第Ⅱ部

第4章 「在る」の視点から観た人生

第2章の《「在る」に対する探究者のジレンマ》の節でもお話ししたように、悟りの探究の中で多くの探究者が陥るジレンマが、「悟っていない自分が悟りを学ぶ」という意識を前提としたうえで全てが進んでいく、という部分だと思います。「私は悟っていないから、悟りの本を読む必要がある」と、エゴが真理との壁とも呼べる大きな前提を作ったうえで、マインド（思考）で悟りを理解しようとするのです。

だからこそ、本章では「在る」側、つまり真理側からこの世界を眺めるという視点で、あらゆる現実的な分野を観ていきたいと思います。「在る」側と書くと、どこか〈在る側〉と〈在る側じゃないエゴ側〉があるように感じてしまうかもしれませんが、そうした二元性を超えた「在る」としての視点だと捉えてください。私は悟ってないという壁を取り払い、「在る」として世界を眺めてみたなら、世界はどんなふうに理解されるのでしょうか。

「在る」から観た魂

あなたのハート、魂は恩寵を知っていますが、マインドは知りません。
——アダマス・セント・ジャーメイン
『神性を生きる』

「在る」から観た魂は、「在る」に向けて成長・進化していく流動性の一部です。個としての魂は純粋性そのもので、完全なる愛と調和に向けて常に成長・進化していこうとしています。しかし、エゴはその純粋性を覆い隠し、あらゆる信念や思考によって曇らせます。けれども、魂は、そうしたエゴのドラマも含めた全部を体験しながら輪廻《りんね》転生を繰り返しており、それゆえに「生（生きること）」は非常にドラマ性を帯びていきます。

とはいえ、「在る」から観た個人の人生はただの流れの一部です。どのような流れかといえば、生から死へと絶え間なく移ろいでいく流れであり、自然界でいう季節の移ろい、川の流れと同じようなものです。そこに本質的な意味はなく、あるのは自然の流れそのものということです。

エゴは絶えず人生ドラマを生み出し、まるでそれが自分自身の人生ストーリーであるかのように見せています。しかし、本来は自然の流れと同じように、全ては流れとしてただ起こっているのです。

ここで、木の下に落ちている枯葉一枚の一生に注目してみましょう。その一枚の枯葉にも壮大なドラマがあります。

まず、これから成長して木となるための種子が土の中に植えられ、その種子が何十年もかけて徐々に成長していきます。やがては立派な大木となり、枝葉が広がり始めます。そこから何万枚もの葉が成長していく中の一枚が、先ほどの枯葉です。まだ枯葉ではなく、芽吹いたばかりで、小さな葉っぱです。それから日が経ち成長していき、美しい緑の大きな葉っぱに育ちます。そしてそこからまた月日が経ち、今度は綺麗に紅葉します。そこからさらに月日が経ち、やがて葉っぱは枯れ、そして地面に落ちていきました。

このように葉っぱ一枚の一生に注目すると、その葉っぱならではの壮大な生命のドラマがあります。私たちはその一つ一つに注目することはほとんどありません。けれども、そのように注目することがなければ、そこにあるのはただ、自然の流れ、季節の移ろいだけなのです。

しかし〈自分の人生〉となるとそういうわけにもいきません。自分自身なので、そこに自然とフォーカスを当てて必死になってその人生を良くしようしたり、悪化させてみたり、とにかくにもその時のベストを尽くすわけです。しかし、「在る」から観れば、それは流動性の一部であり、幻想であり、「在る」には一切の影響がありません。「在る」はそんな魂の数えきれないほどの流動性をただ受容し、ただ在ります。

魂の本質は、愛と調和であり、だからこそ、無意識の層では常に愛と調和を求め続け、最後には全てが「在る」という愛の中に還ることを知っています。結局、魂の空腹は、「在る」を知り、それへと還ることでしか満たされません。エゴは決してそれを理解しませんが、魂はいつか自分が現実世界という夢から目覚め、「在る」という神の家に帰ることを知っています。「在る」は、その夢がいつ終わるのかが完璧にわかっており、そもそも実在としては始まっていないのですから、いずれ全ての夢が終わることも知っています。だからこそ、あなたの個人的な人生に何が起ころうと、それは完全に大丈夫なのだということを知っています。しかしその時が来るまでは、魂はある程度、この宇宙世界という巨大な遊園地を満喫します。

宇宙遊園地の中にはたくさんのゾーンがあります。天国ゾーンもあれば、地獄ゾーンもあります。その中で、天国ゾーンに入る時間の多い人生もあれば、地獄ゾーンに入る時間の多い人生もあります。いろいろな人生を通して、自らに多種多様な体験をもたらし、その中で霊的な成長・進化を遂げていきます。植物やあらゆる生命が自ずと成長していくように、私たちの魂も霊的な成長・進化を本能的に望んでいます。

リリという肉体精神機構を通して見出した真実をお伝えするなら、そうした霊的成長・進化の旅路のゴールが完全なる悟り（解脱）であり、私たちの魂はそれに向かって輪廻転生を繰り返します。しかし、それらも究極的な視点「在る」から観れば幻想です。「在る」から観れば、「在る」しかありませんので、どんな魂も分離しておらず、それゆえに魂の輪廻転生もありません。ただし、幻想として起こっている映画の中での行為とその行為の結果はあります。それは「在る」の中で起こっている幻想映画であり、そこに本当の行為者というものは存在していません。「在る」の視点から観れば、映画が上映されるスクリーンこそが本当の自分自身であり、スクリーンは映画の内容の影響を一切受けません。しかし、個としての魂にとっては、そのスクリーンに映し出されている演者、その行為者こそが自分自身です。魂は、一つの人生という幻想映画の役者を終えたら、また違う主人公としての人生を演じ始めます。過去世では商売人としての人生を送ったインド人男性、今世では真理の探究を行う日本人男性、来世では教授としてのイギリス人女性、来来世では……とそんな感じです。その役者人生を通して、霊的な成熟を起こしていくのです。よって、幻想世界の中で私たちは輪廻転生を繰り返しています。エゴは、その幻想映画の役者としての自分を、本当の自分自身だと信じ続けています。けれども魂は、それは幻想であり、本当の自分は違うと知っており、その真理を知りたがるようにプログラミングされています。そうでないと、夢を見続けることになるからです。

◆魂の根源的欲求

自分の魂の声を聞き始めると、魂は本質的には目覚めたがっていることに気づきます。魂は本当の自分を知り、その本当の自分としての創造性を発揮していくことを望んでおり、その先には本当の自分、「無条件の愛＝在る」への帰還というゴールがあります。ですから、そのゴールである無条件の愛に向かって、霊的な成長・進化を遂げたいという本能的な欲求が備わっているのです。

魂の普遍的な欲求

1．「本当の自分」を知ること
2．「本当の自分」に向けて成長・進化していくこと
3．「本当の自分」を創造性を持った神の子として表現すること
4．「本当の自分」に還ること

つまり、全ての魂の本質的な願いとして、「本当の自分が神であることを知り、それに帰還すべく霊的な成長・進化をし、その過程であらゆる創造性が発揮され、最終的には神の家に帰還すること」を心から望んでいるのです。だからこそ、魂が望むことは、なんであれ本質的には目覚めにつながっています。以前、私が五、六歳の時に抱いた問い、

「人はなぜ死ぬのに生まれるのか？」

「人はなぜ生きるのか？」

「私とは誰か？」

これらは、まさに本当の自分を知りたがっている魂からの質問です。そうした疑問を持ち、それから先の人生でもその問いがずっと付きまとったように、「在る」が本当の自分であり、そこに完全に帰還するということが起こるまでは、魂はずっと「在る」に向かって歩を進め続けます。

もし、あなたの中にもそうした疑問が思い浮かび、その問いが付きまとってくるなら、その問いの答えを見出すために、導きに従うしかありません。この問いかけはエゴにとっては死の道を意味しますが、魂にとっては恩寵を意味します。恩寵により、本当の自分である「在る」に向けての霊的成長・進化の幻想映画が始まっていくのです。そのように、自身の魂の欲求を真剣に聞くならば、その人生が地球での最後の人生になる可能性も高まります。本当の自分を知ってしまったなら、エゴの自分として輪廻転生する必要性もなくなるからです。

本当の自分、「在る」に向けて魂が成長・進化していくと、魂は「在る」である無条件の愛

と一体化するために、少しずつ不要なものを捨て始めます。自分の中に内在していた二元性、天使と悪魔・光と闇といったあらゆる幻想要素を、それらを超越した無条件の愛の中に投げ入れ、愛に錬金し始めるのです。

それは時に「受難」と呼ばれるような体験を通して行われることもあります。自分の非常に奥底の部分に内在していた闇が外の世界に投影され、悪魔のような人を引き寄せるのです。その中で起こる出来事は人それぞれですが、濡れ衣を着せられたり、サイコパスのような特性の人に翻弄されたり、エゴにとっては地獄のような体験をすることもしばしばです。その中で「真の赦し」や「愛の強さ」や「エゴの無力さ」を徹底的に学び、そしてその闇が愛に錬金され、気づけばエゴが剝がれ落ちていくのです。これこそがまさに恩寵であり、魂が愛としての「在る」に還っていくための通過儀礼です。

私の魂にも、これまでにこうした受難が幾度か現れました。その都度、内面は嵐のように荒れ狂いましたが、その中にある非常に重要な学びを通してエゴが解体されていきました。あの体験たちがなければ、リリという魂は決して目覚めについて、その真髄を理解することはなかったですし、もしかすると興味を持つことさえ、もう少し先のこと（今世ではなかったかも）になっていたかもしれません。

多くの人は、宿命は自分では選べないと考えています。生まれてくる場所、生まれる時間、両親、国、性別、環境、そうしたものは宿命であると。エゴの視点から見れば、それは紛れもない真実です。しかし、魂の視点から観れば、それらも全ては魂の選択です。魂は根源的な欲求として成長・進化を望んでいますので、必要だと感じる要素を自ら選択しています。魂がさらに成長・進化するのにふさわしい親、場所、環境、性別……。それらを繰り返し選択し、少しずつ成熟していっているのです。だからこそ、親よりも後に生まれてくる子どものほうが魂としての年齢は上だということもしばしばです。そしてそれら全てが、「在る」の中で、起こるべくしてただ起こっています。これら全ては、自然の流れが季節として流動していくのと同じように、「在る」という静寂の中で起こっている流動性なのです。

「在る」から観た天命

書くことは、私の職業でも趣味でもなく、ただそれは起こりました。

――ラメッシ・バルセカール

『意識は語る』

天命とは、天から与えられた命令・使命であり、それをうまく表現した言葉として、インドの聖典『バガヴァッド・ギーター』で神クリシュナが探究者アルジュナに対して言ったこんな言葉があります。

「あなたの職務は行為そのものにある。決してその結果にはない」（二・四七）（出典9）

また、『意識は語る』でラメッシ・バルセカールは、バガヴァッド・ギーター全体の主旨は次のようなものだといっています。

「あなたはこの夢の演劇の中で、ある役割を与えられた。あなたはその役割を結果への不安をもたずに演じなければならない。あなたにできることは、自分の役割を能力の限りを尽くしてやることだけで、結果はあなたの手中にはない」

「在る」から観たこの幻想世界は、究極的には意味はありませんが、肉体がある限りその肉体による行為は起こっていきます。その行為を「在る」の視点から観ると、それは全て「私の行動」ではなく、「ただ行為者なしに起こっている行動」となっていくわけですが、その中でもその肉体が持っている才能・能力というものがあります。そしてそれがその魂の欲求と合致したとき、つまり魂の欲求である〈「本当の自分」を創造性を持った神の子として表現すること〉と合致したとき、それは天命だったのだということが理解されます。よって、「在る」から観た、個の魂の天命とは、それぞれの個の魂の持つ能力によって「在る」を表現・創造することです。

その表現方法はさまざまで、音楽・美術・文章・建築・子育て・教育……といったように、あらゆる芸術性や創造性の中で発揮されます。例えば、ラマナ・マハルシの天命はアルナーチャラ山で、真我としてただ在り続けることでした。アントニオ・ガウディの天命は、神を讃《たた》える建造物「サグラダ・ファミリア」等を建築することでした。ベートヴェンの天命は音楽の力によって世界に神聖さを拡散させることでした。どんな役割であっても、そこに優劣、正誤はありません。そして地球には何十億もの多様性があり、その数だけの創造性があります。

天命を生き始めると、その創造性は無秩序なエゴに基づいたものではなく、「在る」つまり、神の道具として発揮され始めます。人間の肉体を通して神の表現が始まっていくのです。そしてその仕事は「私の天命」ではなく、「〈在る〉の中で、ただ起こる天命」ですので、その結果というのも「私が行動したゆえに受け取る結果」ではなく、「〈在る〉の中で、ただ起こる結果」となります。結果は全て神の采配であり、個人がコントロールできるものではないということが理解されたうえで、創造が起こっていきます。

魂は、天命が目覚めの道につながっていること、天命と目覚めが密接に関係していることを潜在的に理解しています。というのも、全ての創造性の始まりとなる良質なインスピレーションを受け取るためには、インスピレーションを受け取る器である自分の意識が、真理である無条件の愛と調和している必要があることを直観的に理解しているからです。だからこそ魂は、まずその道に乗るためにも、その魂ならではの天命を発見するためのヒントを、当人の意識に訴え続けます。「私は音楽をしたい!」「私は文章が書きたい!」「私はあの場所に行きたい!」などと。これはいわゆる直観という形や、衝動性として表れます。そうして始まっていく真の創造は、神からもたらされるインスピレーションに依存しており、人類が「神の子」だと表現されるゆえんは、この創造性にあります。

ただ多くの人は、天命は特別な人にのみ与えられるものであると考えます。そう思わせるのはマインド(思考)であり、その多くは小さい時に、大人たちからどんなふうに自分のことを言われていたのかが、大きく影響しています。例えば、幼い時「この子は馬鹿だから」と言われ続けて育った場合、「自分は馬鹿である」という信念を保持し始めます。逆に「あなたは天才」と言われ続けて育った場合、「自分は天才である」という信念を保持し始めます。子どもの意識はまっさらなので、大人のいうことをよく吸収します。だからこそ、良くも悪くも、親や大人たちが自分に対して行う定義づけでもって、あらゆる信念を形成していくのです。

多くの子どもは、幼い頃に自分ならではの夢を描き、それをキラキラしたものとして認識します。しかし、「それは良い」「それは悪い」といった大人たちのジャッジに影響を受け、大人になる頃には、仕事を自分の純粋な魂の欲求の延長にあるものとして捉えるのではなく、現実世界を生きるための手段として捉え始めるのです。

中には、幼い時に自身の天命に気づき、それに向けて一直線に生きていくというような幸運な運命をたどる人もいるでしょう。しかしほとんどの人が、教育の中で自分の魂の純粋な欲求を抑えつけられて、半ばロボットのように社会に適応しているのが現状ではないかと思います。つまり多くの人が、魂の目覚めのための計画を無視して生きてしまっているのです。

だからこそ、まずは自分の魂の声を聞いて、かつ直観に耳を傾けていくことが、「在る」への帰還のプロセスとして非常に大切な実践となります。直観は神からもたらされる情報であり、神の王国への招待状でもあります。最初はそのように感じられないかもしれませんが、実際に直観に従って生きていくと、やはりそれが、着実に自分を目覚めに導いているということが徐々にわかってきます。その過程で、自分の創造性を阻むもの――エゴの保持する不要な信念「私はできない」「私には何の才能もない」といったようなもの――や、自分の行動を負の方向に持っていこうとする原因となっている傷や恐れというものも解体されていきます。

解体の過程では、エゴが解体されていきますので、愛とは何かを知り、全てが赦されていることが理解されます。そうすると、自然に自分の心のあり方が愛に基づいていくことが起こり、その結果、恐れによって盲目になっていた意識に明晰さが育まれ、その魂ならではの創造性を発揮するようになっていくのです。

「在る」から観たインナーチャイルド

思いやりとは、あなたの人生に起きた最悪の出来事を見て、
まったく違う見方ができる能力のことです。

——アダマス・セント・ジャーメイン

『神性を生きる』

「私は在る」という認識を阻害するのは「私は個人として存在している」という思いであるということを、これまで本書の中で何度かお伝えしてきましたが、どうして「私は個人として存在している」という感覚が強固になってしまうのでしょうか。そこには「私の傷」「私の怒り」「私の恐れ」「私の不安」「私の苦しみ」というような負の感覚が根深く関わっています。こうした負の感覚が、愛と平安そのものである「在る」から意識を引き離すのです。

「在る」を表す言葉の一つに「無条件の愛」という言葉がありますが、無条件の愛によって生

まれるものは自然と、喜び・感謝・平安・慈悲といった性質を帯びます。こうした愛が根づいた時間、楽しくてたまらない時間や愛であふれている時間は、「無我夢中」というような言葉で表現されます。「無我」とはつまり自我が無い状態であり、「今ここ」に夢中になっている状態であるといえます。常に今ここに夢中なので、時間もあっという間に過ぎていきます。そうした「無我夢中」の状態から「自我（エゴ）」の状態に引き戻すのが、無条件の愛を感じることを阻害させる感情です。それはつまり負の感情です。

負の感情は体内に「不快」な感覚を引き起こし、心の平安を奪い、絶えずストレスを生み出します。この負の感情の多くは、負の信念・思考によって誘発されたり保持されたりすることが多く、それらが癒やされない限り、あらゆる状況が引き金となって繰り返し起こり続けます。

例えば、小学校の頃にいじめられた経験がきっかけでインナーチャイルド（心の傷）が形成され、その子が「私はいつも人に嫌われる」という信念を形成したとします。そうすると、その人はその信念を通して世界を眺めるようになります。その結果、例えば新しい職場で知らない人々に関わるといったときに、「私はいつも人に嫌われる」という信念を通して人々を見るようになり、以下のような思考が自然と湧き起こっていきます。

「私はこの人たちに嫌われるかもしれない。それは怖いが実際にそうなる可能性が高いだろう。だって、以前もそうだったから」

新しい職場の人々をその思考フィルターを通して見ていき、そのフィルターを通して、人間関係を築いていくことになります。その結果、人と関わるときに常に緊張や不安が伴うようになり、「いかに嫌われないようにするか」ということばかりに必死になっていきます。そして、時に相手に合わせすぎてしまったり、本音が言えなくなったり、相手を信じることができなくなったりと、いろいろな問題が生じていくのです。

ですが、当人はインナーチャイルドがそうしたフィルターをかけていることを知らず、フィルターの世界こそが真実であると信じていますので、なぜ、そのような現実が引き寄せられるのかがさっぱり理解できません。そうした状態においては、「在る」として平安の中であるがままにくつろぐことはできません。インナーチャイルドが癒やされ、フィルターが取れたありのままの世界が見出されなければ、無理なのです。

これは、他者をジャッジするような信念を保持しているときも同様です。例えば、ある子どもの親が、不倫がきっかけで離婚したとします。その記憶はその子の傷となり、その結果インナーチャイルドが形成され、その子が「不倫は絶対悪」という信念を形成したとします。するとニュースなどで不倫の話題が取り上げられるたびに、「不倫をした人=悪人」「不倫=両親の離婚という傷ついた過去の記憶」というフィルターを通してそのニュースを受け取ることとなり、その結果、不倫の話題に触れるたびに怒りや悲しみを抱くこととなります。そのように、負の信念・思考が保持される限り、「在る」を意識することができなくなっていきます。

この世界の全てはエネルギーです。人がそれぞれに保持している信念・思考も例外ではありません。信念・思考にもエネルギーがあり、それが思考として起こった時点でその思考にはエネルギーが宿り、それが磁気波を生じます。磁気波は磁力を持っていますので、その思考が繰り返されれば繰り返されるほど、磁力が活発化します。その結果、自分の信念や思考の磁力によって、その磁力に共鳴する人・状況が引き寄せられやすくなります。それが負の信念であれば当然、負の状況・苦しみなどが引き寄せられやすくなります。負の信念はそれが保持されている限り、いろいろなことがきっかけとなって、繰り返し思考として表れてきますので、結果的に、人生にいつも繰り返されるパターンが生じていくことも少なくないのです。

例えば、「私はいつも人からなめられる」という信念を持っていた場合、その信念は「私は人になめられる」という思考を事あるごとに生み出し続けます。その思考が磁気波を発しますので、その磁力によって、実際にその人をなめてくるような人を引き寄せます。その結果、「人になめられる」という現実が繰り返しパターン化していくのです。

こうしたあらゆる負の信念・思考の根源を探っていくと、そのほとんどに幼少期〜青年期の傷が関わっていることが見えてきます。そのように、子ども時代（一歳〜成人頃まで）に形成された傷・トラウマ、またそれを抱えた内なる傷ついた子どものことを、心理学においてはインナーチャイルドといいます。このインナーチャイルドが愛に還っていくと、悟りとは何かが、より理解されていきます。というのも、インナーチャイルドはエゴが持つ根源的な恐れを保持していることが多く、根源が癒やされていくことによって、自分が愛そのものへと明け渡されていくからです。

エゴの持つ根源的な恐れというのは「生存への危機感」と「根本的な孤独への恐れ」です。これはエゴがどういう性質のものなのかを理解することで明確になっていきます。

エゴとは「個人の私」を保持するものです。では「個人の私」という概念がどのようにして保持されているかといえば、「在る－神－一なるもの」から分離した、ワンネスではない個々のものという信念・感覚から生じています。そこに「一なるものである神」と「分離した個人」という二元性が確立されました。

エゴの作戦はある程度うまくいき、自分は神と分離した個としての存在であるという宇宙世界が創造されました。しかし、そこでどうしても生み出せないものがありました。それは永遠性です。永遠性は神のものであり、個人という存在がある限り、そこには必ず始まりと終わりがあるからです。これが二元性の宿命であり、始まりがあれば、そこには必ず、その対となる終わりもくっついてくるのです。

終わりがあるがゆえに、時には「喜び」や「楽しみ」の体験が苦しみになることもあります。というのも、喜びや楽しみに「これがずっと続いてほしい！」というような執着がくっつくと、それは苦しみに変わるからです。例えば「この楽しさが永遠に続けばいいのに！　でも永遠ではない。悲しい」というような感じです。これも結局は、エゴの世界には永遠性がないということへの恐れの投影です。喜びや楽しみといった感覚も、恐れがくっついた時点でそれは自我の感覚を呼び起こし、恐れが軸となった思考が苦しみを起こしていきます。

私たち個人の人生自体もこの宿命を背負っており、個人の肉体は誕生する限り、必ず死にます。そこで生まれたのが生と死という概念です。それに連鎖して「個人の死」に対する恐れも生まれました。死への恐れは、人の意識を愛から徹底的に引き離し、生存の危機に対する恐れとして、心の奥底に植え付けられました。

加えて、「神」と「神以外のものである私」という二元性が生み出した恐れが「孤独」に対する恐れです。一なるものである神からすれば、何一つ分離したものなどないので、本来は孤独などあり得ませんが、神から分離した自分というエゴの視点から見れば、孤独は人類が決して逃れられない宿命です。どんなに素晴らしい恋愛をして、それが百年続いたとしても、いずれはどちらかが死に、どちらか片方は孤独になります。

このように、エゴには「死」と「孤独」という宿命があり、それらが恐れの根源としてあらゆるパターンを生み出しています。私は自身のセッションの中でもインナーチャイルドのヒーリングを行っていますが、皆さんのインナーチャイルドの恐れの根源を探っていくと、やはりほとんどの場合、この二つの根源に行き着きます。人それぞれ、表面ではあらゆる多様な問題のパターンを持っていたとしても、その根源は共通した恐れを抱えており、「命の危険を感じる」か「ひとりぼっちが怖い」のどちらかです。この普遍的な恐れがそれぞれのインナーチャイルドの状況によって体験され、それがあらゆる負の信念を構築し、その信念が絶えず磁気波を生じさせ、現実世界にトラブルと苦しみを生み出し続けているのです。そんな恐れの根源を保持するインナーチャイルドが根本から癒やされたなら、人生の負のパターンが終わり、目覚めが深まっていきます。

ですから、インナーチャイルドの声を無視せずに、その子が自分にどんな苦しみを訴えてきているのかを真摯に観ていくことが、目覚めの道に直結していきます。

ただ、多くの人はインナーチャイルドとの関わり方を知らないまま大人になります。学校でも塾でも、そんなことを教えてくれはしませんので、当たり前です。むしろ苦しい記憶や思考を絶えず生み出すインナーチャイルドは、無視したり抑えつけたりする対象となります。その結果、内なる傷ついた子の声をごまかしたり、無視したりするために、あらゆる対策を練り始めるのです。次から次へと予定を入れて暇をなくしてみたり、外側の何かに依存してごまかしてみたり、あるいは自分のインナーチャイルドが反応しないで済む環境、つまり、怒らなくて済む環境、悲しまなくて済む環境、寂しさを感じなくて済む環境などを生み出すために外界の刺激から自分を遮断しようとしたり……。

これらは一時的には成功するかもしれません。しかし、傷は消えていませんので、ふとした瞬間、インナーチャイルドの引き金が引かれると、その人の心は一気にインナーチャイルドに乗っ取られます。そして、インナーチャイルドに心を乗っ取られたまま、不健全な選択をしてしまったり、不適切な行動を起こしてしまったりするのです。

例えば、「孤独が怖い。私はいつも一人ぼっち」という感覚を持つインナーチャイルドを抱えた女性がいたとします。その感覚はその人にとって強烈で、恐ろしいものであったため、少しでも感じないようにするために、いつも何かしらの予定を詰め込んで忙しくしていました。しかし、どれだけ忙しくしたとしても、ふと一人になるときはあります。そんなとき、孤独が襲ってきます。そして今度は、孤独を埋めるためにはいつも横に誰かがいてくれる必要があると考え始めます。そこでインナーチャイルドは言います。

「孤独を埋める相手なら誰でもいい！　とにかく寂しい！　助けて！」

その感覚を軸に彼女は、いつも一緒にいてくれる異性を探し始めます。それがたとえ自分を本当に愛してくれる相手でなくても、むしろ自分を粗末に扱うような相手でも構いません。とにかく一緒にいてくれればいいのです。このようにして不健全な関係を築き上げていくこともしばしばです。

その結果、自分を大切にしてくれない相手とずっと一緒にいることで、「その人と共にいるほうが孤独」というような、さらなる孤独へと陥っていくことも少なくありません。しかし、その女性が、自分のインナーチャイルドが本質的に求めている愛を無視するがゆえに起きている現実だということに気づかない限りは、そうした不健全な関係を築き続けるでしょう。

この例はあくまでも一例で、インナーチャイルドが生み出す人生の問題のパターンはほかにも無数にあります。

ありのままの自分をごまかして生きている限り、魂も苦しみます。「私はもっと心を開きたい。恐れではなく愛を軸に人生を送りたい。もっと自分が本当に輝く人生を経験したい」と訴えるのです。ですから、別の苦しみもまた、感じ始めることでしょう。そんな負のループを抜け出すためには、インナーチャイルドを「在る」に還していくことです。インナーチャイルドは、エゴが生み出した苦しみの副産物であり、「自分は個人であり、分離している」という感覚から生み出された「恐れ」の一部です。そんな根源的な恐れから生み出されたインナーチャイルドを癒やすのはたった一つ、真実である無条件の愛のみです。インナーチャイルドを無条件の愛である「在る」の中に還していけばよいのです。「在る」の中においては、全てが赦されていますし、愛されています。ですから、インナーチャイルドがどんな困った気質を持っていたとしても、どんな狂気を生み出していたとしても、「在る」はそれを赦し、愛で包み込むことができます。

そのためのまず第一歩としては、自分のインナーチャイルドの声に向き合い、そしてその子が生み出している負のパターンに気づくことです。そのうえで、自分の中に浮かんでくる全ての感情・思考・行動を、あるがままに赦して、受け入れてください。それらが愛の中で包まれていて守られていて安全であるということを、自分自身に教えてあげるのです。その行いはあなたを「在る」の視点へと導きます。そんな「在る」の視点に立ったとき、あなたは本当の自由を感じることができます。本当の愛を知ることができます。

逆にいえば、あるがままのあなたを否定した時点で、あなたはエゴの視点に立つことになります。ぜひ、「在る」の視点で自分のインナーチャイルドを眺めてみてください。そうすると、人生の中にある困ったパターンも、自分の自滅的な行動も、受け入れたくない悪魔的な部分も、それら全てが「在る」という神聖さの中で浮遊するエネルギーの流れであり、ジャッジする必要のないものであることがはっきりとわかってくることでしょう。

だからこそ、まずはあるがままのあなたを愛してください。嫌いな人がたくさんいる自分、臆病な自分、人を傷つけたいと感じる自分、そしてそれらの奥底にある悲しみや恐れを抱えている自分、その全てを否定せず、思いやりを持って受け入れて愛してください。そうした自分への愛を、自身のあり方として持つことを意図してください。それが「在る」の視点そのものだからです。

【実践ワーク】「在る視点」への誘導

ここで、個人というエゴのあなたが保持しているあらゆる苦しみを「在る視点」から観ていきましょう。「在る視点」からこの世界を観ると、全てが無条件の愛を軸に完璧に起こるべくして起こっている、ということが理解されます。どんな場面、状況においても、「在る視点」は常に共に在り、あなたのエゴが生み出すドラマの全てを赦し、慈悲を向けています。「在る視点」とは、無償の愛の視点であり、全ての「受難（苦しみ）」が「恩寵（愛のギフト）」だったと気づく視点です。

今回、「受難（苦しみ）」のわかりやすい例として、以下の五つをテーマに見ていきます。

・罪悪感
・羞恥心

・劣等感
・不信感
・恐れ

ではまず、あなたの**罪悪感**を「在る視点」から観ていきましょう。例えば、昨日自分が配偶者に暴言を吐いてしまったとして、自分の心の中に「私は妻（夫）に暴言を吐いてしまった」という罪悪感が湧いてきたとします。「在る視点」からその感情や起こった現実を観るとどうなるでしょうか？ これからいくつかのステップに分けて、その真実を観ていきます。

罪悪感を感じている事柄：私は妻（夫）に暴言を吐いてしまった。

「在る視点」は慈悲そのものの視点です。あなたがどうして罪悪感を感じるような行動をしてしまったのか、それを責めるのではなく、その奥にある、あなたの本当の望みを理解しているからこそ、「在る視点」はその本音に対して慈悲を向けています。

それでは、実際に罪悪感の行動の奥にある本当の望みを探っていきます。

暴言を吐いた奥にある思い（望み）は？

もっと自分のニーズを理解してほしい。もっと自分を大切に扱ってほしい。苦しい状況や余裕のなさを理解してほしい。

↓　**そのさらに奥にある思いは？**

本当はもっと仲良くしたい。もっとありのままを理解してほしい。

↓　**そのさらに奥にある思いは？**

愛を感じたい。幸せを感じたい。

奥底の思いが出尽くされたと感じるまで深掘りしていきます。

今回、奥底にあった本当の思い：愛を感じたい。幸せを感じたい。

ただそれだけだったことに気づけますか？

その純粋な欲求は罪悪感を必要としますか？

「在る視点」は、その純粋な欲求に気づいている視点です。今、あなたもその視点に立って、自分自身に慈悲を向けることができますか？　「在る視点」は起こる出来事全てに対し、何もジャッジしません。ただその中にある純粋な愛だけに気づいている視点です。よって、その視点から観れば、どんな受難（苦しい出来事）も愛の一つの表現であることがわかります。エゴの視点からは、それを知ることはできませんが、「在る視点」からその現実を観るとき、私たちはそこに隠された最高の愛の学びを見出すことができるのです。

それでは、その純粋な欲求に気づいている視点から、今の自分に対して何ができるのか、そして相手に対して何ができるのか、考えてみましょう。それが「在る視点」からあなたへの愛のアドバイスになります。

今回、奥底にあった本当のニーズは、「**愛を感じたい。幸せを感じたい**」でした。**そのニーズとつながったら、あなたの内部で何が起こりますか？　どんな些細《ささい》なことでも構いません。書き出しましょう。**

・罪悪感から解放される
・自分を許せるようになる

・インナーチャイルドに気づく

そのニーズを満たすために、自分自身にしてあげられることはありますか？　どんな些細なことでも構いません。書き出しましょう。

・自分を責めるのをやめる
・インナーチャイルドを無視せず、その子が表現する苦しみの声に耳を傾ける
・二人の関係性の中で愛と幸せを感じる、より健全かつ適切な実現方法の探究

では次に、あなたの**羞恥心**を「在る視点」から観ていきましょう。例えば、大勢の前で発表をした時にうまく喋れずに周囲に笑われ、自分を恥ずかしい存在だと思ったことがあったとします。「在る視点」からその感情や起こった現実を観るとどうなるでしょうか？　これからいくつかのステップに分けて、その真実を観ていきます。

羞恥心を感じている事柄：私は大勢に笑われた。

「在る視点」は慈悲そのものの視点です。あなたにどうして羞恥心を感じるような行

動が起こったのか、それを責めるのではなく、その奥にある、あなたの本当の望みを理解しているからこそ、「在る視点」はその本音に対して慈悲を向けています。

それでは、実際に羞恥心の奥にある本当の望みを探っていきます。

大勢の前で恥をかいた場面で、その奥にある思い（望み）は？

尊重されたい。認められたい。

←　**そのさらに奥にある思いは？**

自分は価値ある存在だと感じたい。

←　**そのさらに奥にある思いは？**

安心したい。

奥底の思いが出尽くされたと感じるまで深掘りしていきます。

今回、奥底にあった本当の思い：安心したい。

ただそれだけだったことに気づけますか？

その純粋な欲求は羞恥心を必要としますか？

「在る視点」は、その純粋な欲求に気づいている視点です。今、あなたもその視点に立って、自分自身に慈悲を向けることができますか？ 「在る視点」は起こる出来事全てに対し、何もジャッジしません。ただその中にある純粋な愛だけに気づいている視点です。よって、その視点から観れば、どんな受難(苦しい出来事)も愛の一つの表現であることがわかります。エゴの視点からは、それを知ることはできませんが、「在る視点」からその現実を観るとき、私たちはそこに隠された最高の愛の学びを見出すことができるのです。

それでは、その純粋な欲求に気づいている視点から、今の自分に対して何ができるのか、そして他者に対して何ができるのか、考えてみましょう。それが「在る視点」からあなたへの愛のアドバイスになります。

今回、奥底にあった本当のニーズは「**安心したい**」でした。

そのニーズとつながったら、あなたの内部で何が起こりますか？ どんな些細なことでも構いません。書き出しましょう。

・出来事への後悔がなくなる
・今ここで安心できる
・自分への慈悲が湧く

そのニーズを満たすために、自分自身にしてあげられることはありますか？　どんな些細なことでも構いません。書き出しましょう。

・羞恥心で自分を苦しめるのをやめる
・自分を責めない
・周囲の評価をうのみにしない

次に、あなたの**劣等感**を「在る視点」から観ていきます。例えば、容姿へのコンプレックスがあったとして「自分は他者に比べてスタイルが悪く、劣っている存在だ」と感じたとします。「在る視点」からその感情や起こった現実を観るとどうなるでしょうか？　これからいくつかのステップに分けて、その真実を観ていきます。

劣等感を感じている事柄：自分は他者よりスタイルが悪く劣っている。

「在る視点」は慈悲そのものの視点です。あなたにどうして劣等感という感情が起こったのか、それを責めるのではなく、その奥にある、あなたの本当の望みを理解しているからこそ、「在る視点」はその本音に対して慈悲を向けています。

それでは、実際に劣等感の奥にある本当の望みを探っていきます。

自分はスタイルが悪く劣っていると感じる場面で、その奥にある思い（望み）は？

もっと美しくなって自信を持ちたい。

← **そのさらに奥にある思いは？**

自信を持って他者に愛されたい。自分を愛したい。

← **そのさらに奥にある思いは？**

愛を感じたい。幸せになりたい。

奥底の思いが出尽くされたと感じるまで深掘りしていきます。

今回、奥底にあった本当の思い：愛を感じたい。幸せになりたい。

ただそれだけだったことに気づけますか？

その純粋な欲求は劣等感を必要としますか？

「在る視点」は、その純粋な欲求に気づいている視点です。今、あなたもその視点に立って、自分自身に慈悲を向けることができますか？「在る視点」は起こる出来事全てに対し、何もジャッジしません。ただその中にある純粋な愛だけに気づいている視点です。よって、その視点から観れば、どんな受難(苦しい出来事)も愛の一つの表現であることがわかります。エゴの視点からは、それを知ることはできませんが、「在る視点」からその現実を観るとき、私たちはそこに隠された最高の愛の学びを見出すことができるのです。


それでは、その純粋な欲求に気づいている視点から、今の自分に対して何ができるのか、そして他者に対して何ができるのか、考えてみましょう。それが「在る視点」からあなたへの愛のアドバイスになります。


今回、奥底にあった本当のニーズは「**愛を感じたい。幸せになりたい**」でした。

そのニーズとつながったら、あなたの内部で何が起こりますか？　どんな些細なこ

とても構いません。書き出しましょう。

・自分をいたわる気持ち

・自分を大切にする気持ち

・自己理解が深まる

そのニーズを満たすために、自分自身にしてあげられることはありますか？　どんな些細なことでも構いません。書き出しましょう。

・人と自分を比べずにありのままに愛する

・あるがままの自分の良さを探す

・自分をいじめない

次に、あなたの**不信感**を「在る視点」から観ていきます。例えば、あなたが恋人からひどい裏切られ方をしたとして、恋愛に対して不信感が生じたとしましょう。「在る視点」からその感情や起こった現実を観るとどうなるでしょうか？　これからいくつかのステップに分けて、その真実を観ていきます。

不信感を感じている事柄：恋人に裏切られ、恋愛そのものへの不信感。

「在る視点」は慈悲そのものの視点です。あなたにどうして不信感という感情が起こったのか、それを責めるのではなく、その奥にある、あなたの本当の望みを理解しているからこそ、「在る視点」はその本音に対して慈悲を向けています。

それでは、実際に不信感の奥にある本当の望みを探っていきます。

恋人に裏切られ、恋愛そのものに不信感を抱いたとき、その奥にある思い（望み）は？

もっと大切にされたい。

←　**そのさらに奥にある思いは？**

心を開いても大丈夫だと知りたい。

←　**そのさらに奥にある思いは？**

自分は愛される価値があると感じたい。

←　**そのさらに奥にある思いは？**

ありのままで愛されたい。

奥底の思いが出尽くされたと感じるまで深掘りしていきます。

今回、奥底にあった本当の思い：ありのままで愛されたい。

ただそれだけだったことに気づけますか？
その純粋な欲求は不信感を必要としますか？
「在る視点」は、その純粋な欲求に気づいている視点です。今、あなたもその視点に立って、自分自身に慈悲を向けることができますか？ 「在る視点」は起こる出来事全てに対し、何もジャッジしません。ただその中にある純粋な愛だけに気づいている視点です。よって、その視点から観れば、どんな受難(苦しい出来事)も愛の一つの表現であることがわかります。エゴの視点からは、それを知ることはできませんが、「在る視点」からその現実を観るとき、私たちはそこに隠された最高の愛の学びを見出すことができるのです。

それでは、その純粋な欲求に気づいている視点から、今の自分に対して何ができるのか、そして相手に対して何ができるのか、考えてみましょう。それが「在る視点」

からあなたへの愛のアドバイスになります。

今回、奥底にあった本当のニーズは「**ありのままで愛されたい**」でした。

そのニーズとつながったら、あなたの内部で何が起こりますか？　どんな些細なことでも構いません。書き出しましょう。

・恋愛に対する本心への気づき
・自分をいたわる気持ち
・インナーチャイルドと向き合うこと

そのニーズを満たすために、自分自身にしてあげられることはありますか？　どんな些細なことでも構いません。書き出しましょう。

・恋愛に心を閉ざすのをやめて、もう一度心を開く
・自分が自分を見捨てないと決める
・自分を裏切った相手を許して、怒りの感情から自分を解放してあげる

次に、あなたの**恐れ**を「在る視点」から観ていきます。例えば、あなたが将来について、

このままずっと一人だったらどうしよう、怖い……、そんなふうに感じているとします。「在る視点」からその感情や起こった現実を観るとどうなるでしょうか？　これからいくつかのステップに分けて、その真実を観ていきます。

恐れを感じている事柄：将来ずっと一人で孤独に生きることへの恐れ。

「在る視点」は慈悲そのものの視点です。あなたにどうして恐れの感情が起こったのか、それを責めるのではなく、その奥にある、あなたの本当の望みを理解しているからこそ、「在る視点」はその本音に対して慈悲を向けています。

それでは、実際に恐れの奥にある本当の望みを探っていきます。

将来ずっと一人で孤独に生きることへの恐れを抱いているとき、その奥にある思い（望み）は？

人と関わりたい。愛されたい。

←　**そのさらに奥にある思いは？**

自分は愛に値すると感じたい。

← **そのさらに奥にある思いは？**

愛を感じて安心していたい。愛に満たされたい。

奥底の思いが出尽くされたと感じるまで深掘りしていきます。

今回、奥底にあった本当の思い：愛を感じて安心していたい。愛に満たされたい。

ただそれだけだったことに気づけますか？

その純粋な欲求は恐れを必要としますか？

「在る視点」は、その純粋な欲求に気づいている視点です。今、あなたもその視点に立って、自分自身に慈悲を向けることができますか？「在る視点」は起こる出来事全てに対し、何もジャッジしません。ただその中にある純粋な愛だけに気づいている視点です。よって、その視点から観れば、どんな受難(苦しい出来事)も愛の一つの表現であることがわかります。エゴの視点からは、それを知ることはできませんが、「在る視点」からその現実を観るとき、私たちはそこに隠された最高の愛の学びを見出すことができるのです。

それでは、その純粋な欲求に気づいている視点から、今の自分に対して何ができるのか、そして相手に対して何ができるのか、考えてみましょう。それが「在る視点」からあなたへの愛のアドバイスになります。

今回、奥底にあった本当のニーズは「**愛を感じて安心していたい。愛に満たされたい**」でした。

そのニーズとつながったら、あなたの内部で何が起こりますか？　どんな些細なことでも構いません。書き出しましょう。

・自分の魂の本音に気づく
・愛が重要であるということへの気づき
・自分への慈しみの気持ち

そのニーズを満たすために、自分自身にしてあげられることはありますか？　どんな些細なことでも構いません。書き出しましょう。

・自分を大切にして愛する

・自分を責めることをやめる
・自分がどんな環境や関係に身を置きたいのか、自分に問いかける

以上、今回は五つの例で、「受難（苦しみ）」を「在る視点」から観ていきました。今回の例を全て観ていくとわかるように、表面ではいろいろな受難のパターンがありますが、根源的なニーズはほとんど共通しています。それは「安心したい。愛を感じたい。幸せになりたい」というニーズです。

「在る視点」は、エゴが生み出す無知の結果、人々がこれらのニーズからずれていき、苦しみを生み出していることに気づき、理解し、慈悲の視点を向けています。あなた自身の苦しみに対しても、この「在る視点」からそれを眺めることで、これまでとは全く違う見方、向き合い方が起こります。その結果、無条件の愛を軸とした現実への対処が起こっていき、自分に対しても世界に対してもより慈悲深い在り方が定着していくのです。

※「在る視点」への誘導ワークのための〈実践ワークシート〉を、次ページから掲載しています。また、このワークシートはダウンロードして印刷できます。ぜひワークシートを活用し、繰り返しワークを実践してみてください。

Awakening work of Lili
「在る視点」への誘導ワーク

個人というエゴのあなたが保持している
あらゆる苦しみを「在る視点」から観ていきましょう。
どんな場面、状況においても「在る視点」は常に共に在り、
エゴが生み出すドラマの全てを赦し、慈悲を向けています。
「在る視点」は無償の愛の視点であり、全ての「受難(苦しみ)」が
「恩寵(愛のギフト)」だったと気づく視点です。

【1】あなたが苦しみの感情を感じている事柄は何ですか？
その事柄において、どんな苦しみの感情を感じていますか？

＿＿＿＿＿＿＿＿を感じている事柄：＿＿＿＿＿＿＿＿＿＿＿＿＿＿＿＿
苦しみの感情

＿＿＿＿＿＿＿＿＿＿＿＿＿＿＿＿＿＿＿＿＿＿＿＿＿＿＿＿＿＿

例：恐れを感じている事柄：友人に嫌われたくなくて、本音が言えず苦しい。

それでは、その事柄の奥にある自分の本当のニーズ・望みを探っていきます。

【2】上記で書いた事柄の奥にある思い(望み・ニーズ)は何ですか？

＿＿＿＿＿＿＿＿＿＿＿＿＿＿＿＿＿＿＿＿＿＿＿＿＿＿＿＿＿＿

例：友人に嫌われたくない。

↓

その奥にあるさらなる思い(望み・ニーズ)は何ですか？

＿＿＿＿＿＿＿＿＿＿＿＿＿＿＿＿＿＿＿＿＿＿＿＿＿＿＿＿＿＿

例：友人に嫌われることで、寂しさを感じたくない。

↓

その奥にあるさらなる思い(望み・ニーズ)は何ですか?

例：寂しさを埋めたい。

↓

その奥にあるさらなる思い(望み・ニーズ)は何ですか?
奥底の思いが出尽くされたと感じるまで書き出しましょう。

例：欠乏感、不足感を感じたくない。

↓

例：安心してほっとしていたい。

↓

例：一切嫌われる恐れのない世界で生きたい。

↓

例：ありのままの自分で生きられるようになりたい。

↓

例：ありのままの自分で愛されたい。

↓

例：心の奥底にあった思い：満たされて幸せでいたい。

【3】心の奥底にあった思いは？

例：満たされて幸せでいたい。

ただそれだけだったことに気づけますか？
その純粋な欲求は、あなたが今回向き合った
苦しみの感情を要しますか？
「在る視点」は、その純粋な欲求に気づいている視点です。
今、あなたもその視点に立って、
自分自身に慈悲を向けることができますか？

それでは、その純粋な欲求に気づいている視点から
今の自分に対して何ができるのか、
そして相手に対して何ができるのか、考えてみましょう。

それが「在る視点」からあなたへの愛のアドバイスになります。

今回、探って見えてきた心の奥底にあった思いは…

例：ただ、満たされて幸せな状態でいたかっただけ。

【4】そのニーズとつながったら、あなたの内部で何が起こりますか？どんなささいなことでも構いません。書き出しましょう。

例：心が開く。自分の本当の望みへの気づき。自分への慈しみの気持ち。負の感情は必要なかったということへの気づき。自分を責めなくなる。ただ愛を求めて一生懸命生きていたことに気づく。

【5】そのニーズを満たすために、自分自身に今ここで、してあげられることは何ですか？
どんなささいなことでも構いません。書き出しましょう。

例：自分をいじめる思考を信じないようにする。自分で自分を愛してあげる。今ここで、少しでも幸せを感じられることを考える時間を取る。あるがままの自分を愛してあげる。認めてあげる。

自分自身にしてあげられることを
早速、実践に移すことはできますか？
どうしたら実践できるのか、日常に浸透させていくことができるのか、
クリエイティブに考えてみましょう。

「在る視点」からのアドバイスに従うと、運命に愛が根づいていきます。

実際の実践ワークシートは右記のQRコード、または次のURLよりダウンロードいただけます。

https://arugamamalili.com/lp/lilionenesswork/

ダウンロードページにはパスワードが設定されていますので、以下のパスワード（すべて半角小文字）をご入力ください。

iamworklili

「在る」から観た光と闇

光の存在を知らせるもの、それは闇。隠されているものは、
すべてその反対にあるものによって示される。

――ジャラールッディーン・ルーミー
「光なくしては」『ルーミー詩撰』

「在る」から観た光と闇は、それぞれがそれぞれの概念を支え合っているものであり、「在る」は光と闇を超越しています。しかし、光と闇という二元性を知覚するには、それそのものを照らす光が必要であり、それゆえに「在る」は、光と闇を超越した「光」だともいうことができます。少なくとも、「在る」は闇ではありません。闇はエゴが生み出すものであり、しかし、光と闇というコントラストにおける光もまた、エゴが生み出している概念です。この光とは条件づけられた光であり、「自分は光だけど、あの人は光ではない」というような相対的な視点によって生まれます。よって、「在る」としての光とは本質的に違う気質を持っているといえます。

　スピリチュアルな教えの中にはよく、この二元的な「光」を讃え、「闇」を徹底批判するような教えもありますが、そうした教えというのは二元性の枠組みの中で起こっているものであ

り、エゴの中の戯れです。そうした光では、真の光を知ることができません。光と闇という二元性の光という片方だけにいようとする限り、必ず闇を引き寄せることになります。なぜなら、それは自分の中の光と闇という二元性を批判して外側に投影を起こしているだけにすぎず、「夜はいらない、ずっと昼であってほしい」といっているようなものだからです。昼だけを望んでも必ず夜がやってくるように、闇を批判すればするほど、その人は闇を引き寄せ続けます。自分の中にある隠された闇が、鏡として外側に表れてくるのです。「あなた、『自分は光だ』って言ってますけど、闇もちゃんとありますよ。無視したらおかしなことになりますよ」とそんなふうにお知らせがやってくるのです。

「在る」の中においては、「闇」は否定する必要も批判する必要もありません。というのも、闇は排除すべきものではなく、映画の中で起こっている幻想劇の一つの表現だからです。想像してみてください。闇のない映画は面白いでしょうか？ 私の場合は割とそういう映画のほうが好きですが、そうした映画は結構淡々としていてドラマ性が特にありません。ただ淡々と穏やかな映像が流れていくだけです。逆に非常にドラマチックな映画、例えばスーパーヒーローが登場するような映画においては、常に闇の存在がいて、その存在が手強い相手だからこそ、ストーリーが盛り上がるものだと思います。恋愛映画などにおいても、意地悪な同級生や、ライバルがいてこそ盛り上がったりするものではないでしょうか。そのように、闇の存在たちは、光の引き立て役やドラマの盛り上げ役として、重要な役割を担っているわけです。そうした光と闇の終わらないストーリーを、「在る」は絶対的な光としてただ受容しています。この光は、闇を避ける光ではなく、はたまた闇を討伐したゆえの光でもなく、そうした闇も光も全て抱擁して思いやりを向けている光なのです。

多くの人がいまだに「自分は罪深い存在である」とか、「自分の中に闇が少しでもある限り、罰が当たる」などという信念を保持して、それが真実であるかのように勘違いしていますが、それはエゴのトリックであり、「在る」は光だけを受け入れて闇は受け入れずに罰するといったことはありません。光の王国である天国と闇の王国である地獄があって、死後、魂がどちらの王国に入るのか、裁判を受けるわけではないのです。天国と地獄は、全てあなたの心の中にあり、それは観念です。実際、現実世界を生きていて「まるで天国にいるように幸せだ！」と感じるときもあれば、「まるで地獄の苦しみだ」と感じるときもあるのではないでしょうか？例えば、ずっと片思いをしていて憧れていた人と交際することができるようになったなら、それは天国のような現実に思えますが、交際後すぐに振られてしまったなら、一気に地獄に変わることでしょう。

このように、起こる現実に対しての、自分の感情の動きや思考の反応こそが、まさに天国と地獄の正体です。それら全てはあなたの心の中にあり、「神、在る」とは一切関係のないものです。

しかし、「在る」が真理であると見出されたなら、それは天国（神の王国）だと表現することができるでしょう。この天国においては、全ては神の顕れであり、ゆえに恐れのない場所です。そこはエゴが思うような、何でも欲望や願いを叶えてくれる場所というわけではなく、ただ平安だけがある場所です。その天国を見出すためには、自身の闇を批判するのではなく、受容し愛に錬金させていく必要があります。

「私はもう十分に自分の闇を赦している」と信じている人は、こんなふうに問いかけてみるとよいかもしれません。

「もし、自分の目の前に最も恨んでいる人、もしくは自分にトラウマを植え付けた人が現れたら、その人に対してフラットな気持ちや感謝の視点で接することができるだろうか？」

実際にそれが起きたとき、そうできるのであれば、あなたは確かに自分の闇を赦せています。しかし、何らかの拒絶反応が起きるのであれば、あなたの闇は今もなお、あなたに受け入れられたがっています。なぜなら、この世界は光と闇という自分の内側にある二元性を映し出す鏡だからです。自分が大きく反応する部分というのは、自分の中にあるものであり、エゴが自分の魂に対してとっている態度の鏡でもあります。ですから、あなたの内側にある闇が意識の中に上がってきたとき、あなたは自分の醜い感情と出会います。恥ずかしさに駆られる感情、後ろめたくバツが悪い感情、怒りに震えて気が狂いそうになる感情、恐れで縮こまっている感情、寂しくてしょうがない感情……。感情はさまざまですが、闇の感覚はどれも強烈です。だからこそ、多くの人はその強烈な不快さから逃げるために、外側の世界に何かを求め始めます。それは少しでも気をそらせる要素や痛みを緩和する要素となるものです。それが繰り返されて起こるのが、依存症です。ある人はお酒に頼り、ある人はドラッグに頼り、ある人は恋愛に頼り……。しかし、そこにあるのは一時的かつ表面的な解決であり、結局、根本から解決するには自分の闇を愛に解放していくほかありません。

闇を直視した体験に関して、リリという肉体精神機構を通した実体験をお話しするならば、それはまるで地獄の釜でグツグツと煮られ続けているような感覚でした。まさに心が生み出した地獄の体験でした。しかし、その闇からもう逃げないと決めて、その闇を感じることを許し、それに対して思いやりを向けた時、その奥にある全き愛を発見しました。そう、「在る」としての「光と闇を超越した光」を見つけたのです。その時、自分が探し求めていた真の財宝は、自分が最も避けたかった闇の奥底にあったと気づきました。よって、もし私たちが、自分の闇から逃げるのをやめて、光のふりをするのをやめて、良い人ぶるのをやめたとき、闇は喜んで姿を現してくれるでしょう。「私はここにいます！」と。そしてその闇を否定するのではなく、抱きしめて、あなたの心の中にいる悪魔を抱擁するならば、その悪魔は本当は光の存在と同様に愛を求める子羊であったと気づきます。その気づきが起こったとき、あなたの中にあった二元性、光と闇の全てが愛に還っていくことを目の当たりにすることでしょう。これこそが本当の癒やしです。だからこそ、悟りの道とはあなたの中にいる悪魔と出会う道でもあるのです。しかし、怖がる必要はありません。それらも、そもそもは全て概念であり、幻想であったことが、いずれ真理の視点から明確に理解されるからです。

◆光と闇の統合の過程で大切なこと

光と闇の統合のプロセスにおいて大切なのは、ありのままでいるということです。自分の闇に直面している期間というのは、自分が全くスピリチュアルな人間には思えなくなります。そもそも、スピリチュアルな人間とはいったい何なのかという疑問もありますが、いわゆる優しい自分、天使のような自分、光の自分ではいられないということです。昨日までは愛が全てだと信じていたのに、今では怒りの対象者の不幸を真剣に願っている、そんな自分に出会うこともあるかもしれません。しかし、それを否定しないでください。後ろめたく感じる必要もありません。むしろ、その感情をあるがままに歓迎し、感情が起こるがままに付き合ってあげてください。

もちろん、負の感情が湧き起こっている間というのは、精神的にも肉体的にもきついものだと思います。しかし、愛の聖なる忍耐を持って、その感情をただ観てください。もしその過程で何かを殴りたくなったり泣き叫びたくなったりしたら、ぜひそうしてください。殴るときはぜひ、自分も殴るものも傷つかないように、クッションなど柔らかいものを殴りましょう。泣き叫ぶような空間がないという人は、カラオケルームなどで自分一人の時間と空間をどうにかして確保してください。何かの布などに向かって叫んでもいいでしょう。

私自身も、それまでのサイコパスな人との関係の中で生じた数十年分の激しい怒りに向き合った時に、発狂したように一時間以上叫び続けるということが起こりました。数えきれないほど何度もクッションを殴り、喉が枯れるまで叫び続けました。叫ばずにはいられなかったのです。はたから見たら「あの人はおかしくなってしまった」と判断されるような状態でしたが、それを自分に許しました（一人の空間で行いました）。そしてこの感情の発散は、私にとって非常に大切なカタルシス（感情の浄化）となりました。これほどため込んでいた痛みがあったのか、と自分でも驚きましたが、感情をありのままに出しきったことですっきりしたのです。そして、それは内なる子どもの叫びでもありました。

闇を直視するプロセスの中においては、ぜひ焦らずにいてほしいと思います。焦りというのは結局、「早く闇から解放されたい。早く闇から逃げたい」というような心の働きであり、その根源には闇を否定する思いがあります。そうした否定の感情はエゴのトリックですので、そうすると無意識にまた、エゴとエゴが闘い始めてしまいます。そうした不毛な道を避けるためにも、闇がいつまでも自分の中にあってもいい、あるがままでそれさえも愛の中にある、と信じることです。それによって、本質的な浄化が起こっていきます。焦らずにじっくりと自分の闇と対峙して、その闇がどうしてそこまでの怒りや恨みを抱えているのかを観ていくならば、その奥には必ず、深い悲しみや恐れがあります。だからこそ、あるがままに闇を抱きしめましょう。どんなに醜い自分が出てきたとしても、どんなに加害者に思える自分、被害者に思える自分が出てきたとしても、その闇をあるがままに抱きしめるのです。そうすることで、いずれ必ず、光と闇を超越した真の光を知ることができます。

◆光と闇の戦いを目にしたら

現在、地球レベルで光と闇の統合が徐々に行われ始めていますが、それでも、いまだに光と闇の戦いはあちこちで行われています。「在る－神」は光を擁護したりもてはやしたりはしませんし、闇を罰したり破滅させたりもしません。ただ愛として、そうした二元性に関与することなく在り続けています。その視点から世界を眺めてみると、光と闇の戦いには一切関与する必要がないことがわかります。あなたが正しさではなく平安を望むならば、自分の心の中で二元性を終わらせることができます。光と闇を統合させ超越した「在る」に留《とど》まることができます。

外の世界は変わらず二元性を強化し続けるでしょうが、そうしたことは一切気にかける必要がないことに気づいていきます。例えば、どこかで戦争が起こり、ニュースで報道されたとします。その報道の仕方によって、戦争を始めた〈悪とされるほうの国〉を、大衆が一斉に非難し始めます。そしてその怒りを周りの人にぶつけ始めます。「あいつはクソ野郎だ！　戦争なんて始めやがって！　ふざけるな！」と。しかし、そうした人たちはその怒りの感情が、自分の家庭の中を戦場にしていることに気がついていません。それらの怒りの矛先が、自分の内部にある闇の鏡になっていることに気がついていません。その人たちもまた、必要な学びを行っているのですが、あなたがそこにわざわざ入っていって、戦いをさらに煽《あお》る必要はないのです。

現在、地球ではたくさんの問題が起こり続けています。戦争、環境問題、経済問題、虐待、犯罪事件……、これらの悲劇に加担したならば、あなたはその途端、この幻想映画に巻き込まれます。その中で「戦争反対！」などと、自分の正しさを保持する機会には恵まれるかもしれませんが、平安な真理からは遠ざかっていきます。

地球のあらゆる問題を自分の重荷として背負う必要はありません。巻き込まれないでください。それら全ては幻想映画の中で起きていることです。ですから、なるべく光と闇の戦いに関わらないでください。インドの聖者ラマナ・マハルシの元には、連日、たくさんの探究者が教えを乞いに訪れていました。探究者たちの質問の中には、「なぜこの世界には戦争や災害、飢《き》饉《きん》など悲惨な出来事がたくさんあるのか、この状況をどうにかできないのか」という内容のものもよくありました。

「真我を実現しても世界に幸福を与えないなら、どうしてそれが完全な幸福と言えるでしょう？　スペインや中国で戦争が起こっているのに、どうして幸福でいることができるでしょうか？」

このように問う質問者に対し、ラマナは次のように答えました。

「燃え上がる炎や海の波の画像によって映画のスクリーンが影響を受けるでしょうか？　真我もまたそれと同じです。『私は身体だ』、『私は心だ』という概念はあまりにも根深いため、たとえ議論で説得されても克服できません。人は夢を体験し、目覚めたときにそれが現実ではなかったことを知ります」（出典2）

これはまさに「在る」の視点からの回答であり、世界はあるがままで完璧なのです。だからこそ、光と闇という幻想映画の中に、自らのめり込んでいく必要はありません。もし、あなたがどうしても光を讃えて闇を批判したい気持ちを止められないのであれば、なぜその衝動が起きているのか、そこにはどんな恐れや悲しみが隠れているのかといったことを探ってみるとよいかもしれません。もしかすると、地球の歴史に対するトラウマが、その声を主張している可能性もあります。そうした心の苦しみが癒やされて初めて、「在る」の視点が理解できることもあるでしょう。

「在る」から観た聖霊

この物理的現実での人生という旅は、
実は自分たちにはハイヤーマインドがあるのだということを思い出し、
ハイヤーマインドと再びつながるための旅でもあるのです。

――バシャール
『バシャール スドウゲンキ』

「在る」から観た聖霊は、迷える子羊である人類のために、「在る」から遣わされた真理の使者です。聖霊の呼び名はさまざまで、ハイヤーセルフ、ハイヤーマインド、ハイヤーパワー、神の使者、高次の意識、大いなる自己などとも呼ぶことができます。もしくは真のあなた自身だと表現することもできるでしょう。聖霊は、エゴの世界と真理をつなぐ架け橋のような役割を担っており、全人類一人一人に存在している愛の助っ人ともいえる存在です。ただ、目に見える存在ではないので、多くの人がその存在を知らぬままに生きています。しかし、聖霊はあなたがその存在を感じたいと思ったなら、必ずその声に応えてくれます。というのも、神やその使者である聖霊は常に、神の子である個の魂の帰還を望んでおり、帰りたいと願い、その旅路を支えてほしいと願う魂の声を無視することはないからです。

聖書の放蕩《ほうとう》息子の話にある通り、聖なる父であり、そして聖なる母でもある神は、個の魂の帰還を心より喜びます。放蕩息子の話は次のようなものです。

——ある人に二人の息子がいました。弟のほうは父親に対して、「お父さん、私がいただくことになっている財産の分前を今すぐにください」と言いました。それを聞いた父親は息子の言う通り、財産を分けてあげました。

その数日後、弟はその全てをお金に換えて、遠い国に旅立ちました。そこで放蕩の限りを尽くして、父親から受け取った財産を無駄遣いしてしまいました。何もかも使い果たした時、その地方にひどい飢饉が起こり、彼はとうとう食べるものにさえ困り始めました。しょうがなく、ある人から与えてもらった仕事、豚の世話をしますが、豚の餌を食べたいと感じるほどに状況は厳しく、飢えに苦しみました。周りに食べ物を分け与えてくれる人はおらず、そこで彼は我に返ります。

「父のところでは、あんなに大勢の雇い人に与えても、あり余るほどのパンがあるのに、私はここで飢え死にしそうだ。ここを立ち、父のところに帰るしかない。でも自分勝手に生きたのだから父にこのように伝えよう。『お父さん、私は天に対しても、あなたに対しても罪を犯しました。もう息子と呼ばれるような資格もありません。私を雇い人の一人にしてください』と」

そうして彼は、父親の元へ帰っていきました。

父親は放蕩息子が帰ってくるやいなや、走り寄って息子を抱きしめ、言いました。

「急いで最も良い服を持ってきて、この子に着せ、手には指輪をはめ、足には履き物を履かせてやりなさい。それから肥えた子牛を連れてきてご馳走を与えなさい。祝宴を開きなさい」

盛大な祝宴が開かれ、その様子を見た放蕩息子の兄は、父親に不満をぶつけ、放蕩の限りを尽くした弟を軽蔑の目で見ます。しかし、父親は兄に言いました。

「子よ、おまえはいつでも私と共にいる。私のものは全ておまえのものだ。だが、おまえの弟は家から出て死んでいたのに、こうして戻ってきて生き返った。いなくなったのに見つかったのだ。祝宴を開いて楽しみ喜ぶのは当たり前のことではないか」

個人としての私たちが今、現実だと思っている世界も同じです。エゴは神から離れて幸せになれる、神の家を出ても成功できると信じていました。そして神から離れたという前提で起こる、宇宙世界という幻想ゲームを始めたのです。しかし、そこには永遠性がなく、地球においては「幸福と不幸といった二元性の行ったり来たりから逃れることができない」という運命が待っていました。そして、私たちはそんなエゴの世界に疲れ果てて、ふと思うのです。

「もう、神の家に帰りたい」

放蕩息子の話にあるように、エゴは自分のことを罪深い存在だと感じています。「自分は神の家から出てしまった」、つまり「無条件の愛から分離してしまった」という思いが、罪悪感の根源です。しかし神は、神の子である魂には罪が一切ないことを知っています。だからこそ、罪悪感という悪夢に苦しむ神の子が目覚めて、神の家に帰ってきたならば、その真実を教えるために、最大の祝福でもって迎え入れるのです。その仲介役となっているのが、まさに聖霊であり、聖霊はいつでもあなたが神の家に帰りたいと感じたならば、その指標を示し、その道を支え、導いてくれます。

神は、魂が神の家に帰るためには、適切に導いてくれるガイドが必要なことを知っていました。それくらい、エゴの世界は複雑で入り組んでいるのです。そんな道の中でも無事に帰って来れるように聖霊を使わしました。ですから聖霊は、あなたの魂にとって本当に必要なことは、全て教えてくれるでしょう。

聖霊の存在に気づいていない間は、自分が神から見捨てられ、無視されているように感じるかもしれません。しかし、聖霊はこれまでもあなたを見守り続け、そっと導いてきました。もちろん、聖霊の存在を信じるか信じないかは人それぞれの自由ですが、それは決して知的な概念ではありません。気休めのファンタジーではないのです。聖霊は生き生きとしたエネルギーそのものであり、聖霊とあなたの間には確実に霊的なエネルギーの交流が起こっています。しかし、それを信じないという選択を行うのであれば、聖霊とつながりを願うエネルギーは生じませんので、聖霊もあなたの人生に介入することがなかなかできなくなりますし、存在に気づきにくくもなります。日常の目に見える現実だけを信じていると、人はすぐに聖霊の存在を忘れてしまいます。けれども、あなたが魂の声を聞こうと決意し、自分に思いやりを向けるならば、すぐに聖霊とつながることができるでしょう。

◆聖霊とのつながり方

聖霊と実際につながることは、案外簡単です。まずそれを意図すること。「私は聖霊とつながりたい」と意図することで、あなたの意図が思考となって磁気波を生み出します。その磁気波が聖霊の電磁場に共鳴すると、聖霊からの導きを受け取ることができるようになります。あなたの聖霊とつながりたいという思いが、聖霊の電磁場につながることを可能にするのです。それは一般的に、ひらめき・直観・インスピレーション・シンクロニシティ・サイン・エネルギーとして届けられます。時には実際の声として届けられることもあるでしょう。脳内に語りかけてくるような、そんな感覚です。

それはたとえるならば、テレビのようなものです。これまでの私たちは、地球の二元的な情報を受け取るチャンネルの存在しか知りませんでした。よって、いつもそのチャンネルの番組だけを見るしかありませんでした。しかし、本当は聖霊とつながるチャンネルがあったのです。そのチャンネルは幻だとされていて、ほとんどの人がそのチャンネルの存在を信じていません。信じていないからこそ、そのチャンネルを探すことさえなかったのです。しかしある時、何かをきっかけにしてその存在を知り、「聖霊のチャンネルを見つけたい」と意図して探し始めます。聖霊のチャンネルは、探し始めたなら案外すぐに見つかります。その結果、その人の意識や人生には、聖霊の叡智にあふれた情報が流れ込んでくるようになっていきます。結局、聖霊の情報を受け取るためにやることは、ただ聖霊のチャンネルの存在を信じ、そして探し発見し、つながることだけです。

私たちが実際に聖霊とつながるプロセスも、これと同じです。まず、その存在を信じ、そしてつながることを意図する。そして実際に情報や導きや守護を受け取る。これだけです。ただ、もしかすると、最初のうちは難しく感じられるかもしれません。聖霊のチャンネルはもともと幻とされているチャンネルですので、チャンネルの合わせ方がいまひとつわからないうちは、つながれる時とつながれない時があるでしょう。多くの人はつながれない時にすぐに諦めてしまいます。「やっぱりそんな夢みたいな話、あるわけない」と。しかし、根気強く聖霊のチャンネルを探し続け、つながることを意図した人は、必ずつながります。忍耐を持って聖霊に向き合うならば、必ず聖霊の存在を感じるようになります。聖霊との関係が深まれば深まるほど、最終的には聖霊と一体になっていきます。もし、自分の中に恐れが一切ないのであれば、その人は聖霊と完全に一体となっています。しかし、そうした聖霊とのつながりを築くには、まず自分が聖霊とつながることを意図しなければなりません。聖霊は個々の魂の自由意志を尊重しており、あなたが望まなければ無理やりつながってくることはないのです。しかし、聖霊とつながったならば、あなたは愛の道へと誘われ、あらゆる悩み苦しみが消失していくことを目の当たりにするでしょう。

ある時、ある女性からこんな相談を受けたことがありました。

「私はいつも悪口を言われている気がする。頭の中で自分への悪口会議が行われている。この声から解放されたいけれど、どうしたらいいかわからない」

私はその方に、「これから毎日、朝起きた時と夜寝る前に一回ずつ、『聖霊さん、私のエゴ（が行う悪口会議）を解体してください』と願ってみてください、十秒だけでもいいので、願う瞬間は真剣に行ってください」とお伝えしました。

それから数日が経って、その方が驚いたようすで、その後にあった体験をシェアしてくれました。「リリさん、聞いてください。あの後私、リリさんに言われた通りに聖霊に真剣に願ったんです。そしたらある時、私の中で少し焦ったような声で『俺を殺す気か』って声が聞こえたんです。あれはまさに私に悪口を投げかけているエゴの声でした」と教えてくれました。

数日で変化が起こったことに私自身驚きつつも、今後も聖霊に助けを求め続けていくことをその方に提案しました。その方はその助言を素直に受け取り、それから数年後には、とうとう、そうした幻聴にとらわれることが一切なくなりました。それまでは、職場でもいつも周りの人が自分の悪口を言っているような気がしていたそうですが、今は職場での人間関係が驚くほどに改善し、皆とも適切な距離をとりながら、うまくやれるようになったそうです。「こんなことは人生で初めてだ」と教えてくれました。

聖霊の介入はそのように、本当に強力、かつ、あなたを本質的な愛に導きます。だからこそ、いつでも悩み苦しんだときは一人で抱え込むのではなく、そして自分の力のみで解決しようとするのではなく、聖霊に頼んでみてください。どんな悩みだったとしても、「私は今、これに対する解決策がさっぱりわかりません。とても苦しいのですが、どうしたらこの苦しみから解放されるのか、全くわからないのです。聖霊よ、私を導いてください。私に平安を感じさせてください」と、ひとまずそんなふうにお願いしてみましょう。どんな時でも聖霊はあなたに力を貸してくれます。まずは助けを望んでください。あなたがそれを意図することで、聖霊とのつながりが生まれ、実際に導かれていくことでしょう。

あなたが今までどんな行動をとってきたとしても、どんなに罪悪感があったとしても、自分は聖霊の助けを受け取るに値しないと感じたとしても、聖霊は関係なく、あなたのもとに訪れます。聖霊と関係を築くことができない人など一人もいません。今日これから、聖霊を信じてつながりを求めた一年と、聖霊を一切信じずにつながりを持とうとしなかった一年では、人生に起こること、そして内面の気づきは全く変わってきます。それが五年、十年と積み重なっていくならば、本当に計り知れない違いが生まれてくるのです。

その実例として、私の実体験をご紹介します。二十三歳の時、初めて悟りという概念を知り、そこから猛烈な探究が始まりました。数百冊の本を読んで、さまざまな本に共通して登場する「聖霊」の存在を知りました。初めて知った時は、「ええ！　そんなラッキーな話があるなんて！愛の助っ人が私と共に常にいただなんて！　私が望みさえすればちゃんとつながってくれるんだ。ならば早速つながろう」、そんなふうにワクワクしていました。当時は絶望体験などで精神的に追い詰められていましたので、とにかくやってみよう、とそんな気持ちでした。早速、聖霊を無条件に信じ、そして実際に、ことあるごとに聖霊に頼るようになったのです。大切な決断は、いつでも聖霊に答えを求めました。些細なこともまた、聖霊に頼みました。なんでも聖霊を頼るようになっていきました。はたから見れば、全て私が決断し、行動を起こしているように見えたでしょうが、内部では常に聖霊への明け渡しが起こっていました。その後、起こったことといえば、シンクロニシティの大行進と気づきの連続です。それまでの人生では一度も起こったことのないような不思議なことが頻繁に起こるようになり、導かれ、気づきが深まっていきました。そうした体験を通して、聖霊が本当にはっきりと存在していることを確信したのです。おそらく、聖霊を信じてつながっていなければ、今こうして目覚めに関する本を書くということも起こっていません。聖霊は私をはっきりと目覚めへ導き、そして神の家へと案内してくれたのです。だからこそ、確信を持って言えます。聖霊を信じて助けを求めるという行為は〈百利あって一害なし〉です。

聖霊とつながる方法はもう一つあります。それは、ありのままの自分を愛するという行為を通して聖霊とつながる方法です。なぜ、ありのままの自分を愛することが聖霊とつながる方法になるのかといえば、その視点こそがまさに、聖霊があなたに注いでいる愛であり、聖霊の視点そのものだからです。ありのままを愛するという行為は聖霊と同じ波動エネルギーを持っていますので、この実践を行えば行うほど、聖霊とつながりやすくなります。聖霊とつながるために、わざわざ何か高尚なことをしたり、自己を犠牲にして人に尽くしたりする必要はありません。ただ、ありのままの自分を愛して、そして自分を愛するからこそ行いたいことを、行動に移していけばよいのです。

しかし、これは「言うは易し、行うは難し」です。というのも、時には「こんな自分を愛せるわけがない。こんな現実を愛せるわけがない」と、思わずそんなふうに思いたくなるような闇を見ることもあるからです。しかし、それさえも愛してください。愛するというのは好きになるということではなく、ただ受容して赦すということです。人にノーと言えない自分、困っている人を見て見ぬふりをしてしまう自分、感謝が足りない自分、家族を好きになれない自分、心の本音を隠している自分、嫌いな人の不幸を願う自分……、なんであれ自分を赦し、受け入れるのです。それらは全て恐れからくる行為であり、あなたの悪い部分、罪のある部分ではないのです。それを理解し、恐れている、傷ついて病んでいるそんな自分を愛で包んであげてください。あなたの全てが神の愛に赦されていることを知ってください。そうして愛の意識に目が向くようになればなるほど、あなたの傷は愛の中で癒やされ、聖霊があなたに関与し、目覚めが自然と見出されていきます。

「在る」から観たサイコパス

サイコパスはサイコパスであることを選んだのでしょうか？
聖人は聖人であることを選んだのでしょうか？

――ラメッシ・バルセカール
『意識は語る』

「在る」から観たサイコパスは「闇の仮面をかぶった愛の使者」です。仏教用語で「断善根」という言葉がありますが、これはサイコパスを指した言葉であるともいわれており、その漢字の通り、「善の根っこが断たれている人」という意味を持ちます。善の根っこが断たれているがゆえに、平気で人を傷つけ、むしろそれを楽しむことさえあります。しかし二面性を操るのがうまく、社会ではうまく立ち回って、出世する人も多いといわれています。自分の闇を非難された途端、被害者の仮面をかぶるのも非常にうまく、そうした巧みな技術で人を洗脳したりコントロールしたりする才能に長《た》けていることも多いようです。そんな彼らはやはり、表面的に見れば断善根な存在です。しかし、「在る」の視点から観れば、彼らもまたそのほかの魂と同じように愛の使者です。というのも、彼らが他者を傷つけ、病ませ、闇に突き落とし、絶望させることで、その体験が被害を受けた側の目覚めの触媒になることがしばしばあるからです。

私もまさにそのうちの一人であり、幼少期からサイコパスな友人との関係に悩み苦しみました。しかし、そのおかげで「人間とはいったい何なのか」「人はこうも醜くなれるものなのか。人間の本質とは何なのか」ということを、人生に対して真剣に問いかけるきっかけが生まれました。その結果、悟り以外の教えでは納得できない自分が出来上がりました。幼少期から縁があったサイコパスな友人は、結局中学を卒業するまで関係が続き、それは当時の私の心に大きなトラウマを残しました。しかし、目覚めに導かれ、愛が全てだと悟り、彼女をあるがままに赦したある時（この過程においてはたくさんの浄化のプロセスを通りました）、私はある夢を見ました。夢の中では、当時の年齢（小学生くらい）のままの私とサイコパスな友人が、二人っきりでどこかの部屋にいて、その時、私は彼女にとうとう言いました。

「あなたはサイコパスよ」

彼女の目をまっすぐ見て、直接そうはっきり伝えたのです。すると彼女は、少し寂しそうな顔をして言いました。

「ええ、そうよ。でもどうしたらいいかわからないの……」

その時、私はハッとしました。

「そうだ。彼女はサイコパスとして生まれたくて生まれてきたのか？　そうではない。彼女はただ、サイコパスとして生まれてきた。ただそれが起こった。それだけだ」

そんなことに気づいたのです。その気づきが起きた時、彼女を見る目がまるで変わってしまいました。彼女は私リリという幻想映画の役者の一人であり、彼女の役はただ、サイコパスという悪役だった、それだけだったのです。奇《く》しくも彼女の母親は敬虔《けいけん》なクリスチャンでした。私の愛の学びのために、彼女は悪役を担って私の人生に登場してきてくれた、そして私を悟りへと導いてくれたということがはっきりと理解されました。彼女は非常に重要な役割を担ってくれていたのです。その時に湧き起こった感情は、純粋な感謝でした。

「私を目覚めへと導くために、悪役を引き受けてくれてありがとう」

そんな気持ちが自然と湧きました。彼女がいなければ、私は決して二十代前半で悟りの道に導かれることはなかったでしょう。彼女は悪役の仮面をかぶった愛の使者で、私をはっきりと本質的な幸福へと導いてくれていたのです。

◆サイコパスは悟り得る?

サイコパスは闇の仮面をかぶった愛の使者であり、私たちの魂を目覚めへと導く非常に重要な役割を担っていますが、ではそんなサイコパスが目覚めることはあり得るのでしょうか?悟ることはあるのでしょうか? その答えは「ノー」です。なぜならサイコパスの闇・狂気の根源は恐れであり、サイコパスの意識状態においては、まだ悟りを見出す準備ができていないからです。悟りとは言い換えれば無条件の愛への帰還であり、愛へ帰還するうえで光と闇という二元性は自然と解体されます。だからこそ、悟りを見出すためにはある程度、自分自身が恐れから解放され愛に癒やされている必要があり、それは言い換えるならば霊的成長・進化を遂げる必要があるのです。そのためにも、まず自分に対して無条件の愛を注ぐ行為、つまり、ありのままの自分を愛することが大切ですが、サイコパスは自分をエゴ的にかわいがることはできても、真に愛することはできません。というのも、愛するという行為は狂気を解体する行為であり、そうするとその人はサイコパスではいられなくなるからです。傷や恐れが深まった結果、サイコパスのような気質を見せる人もいますが、そうした人たちは、愛に癒やされれば癒やされるほど、サイコパス性が薄れていきます。しかし、生まれつきサイコパスとしての宿命を担って今世にやってきた魂は、今世においてはその闇の役割を全うするのです。

以前、私のメールマガジン講座でご紹介したサイコパスと悟りの関係性と、人の意識がどのような進化プロセスをたどるのかについて解説した図を、次ページに掲載しておきます。

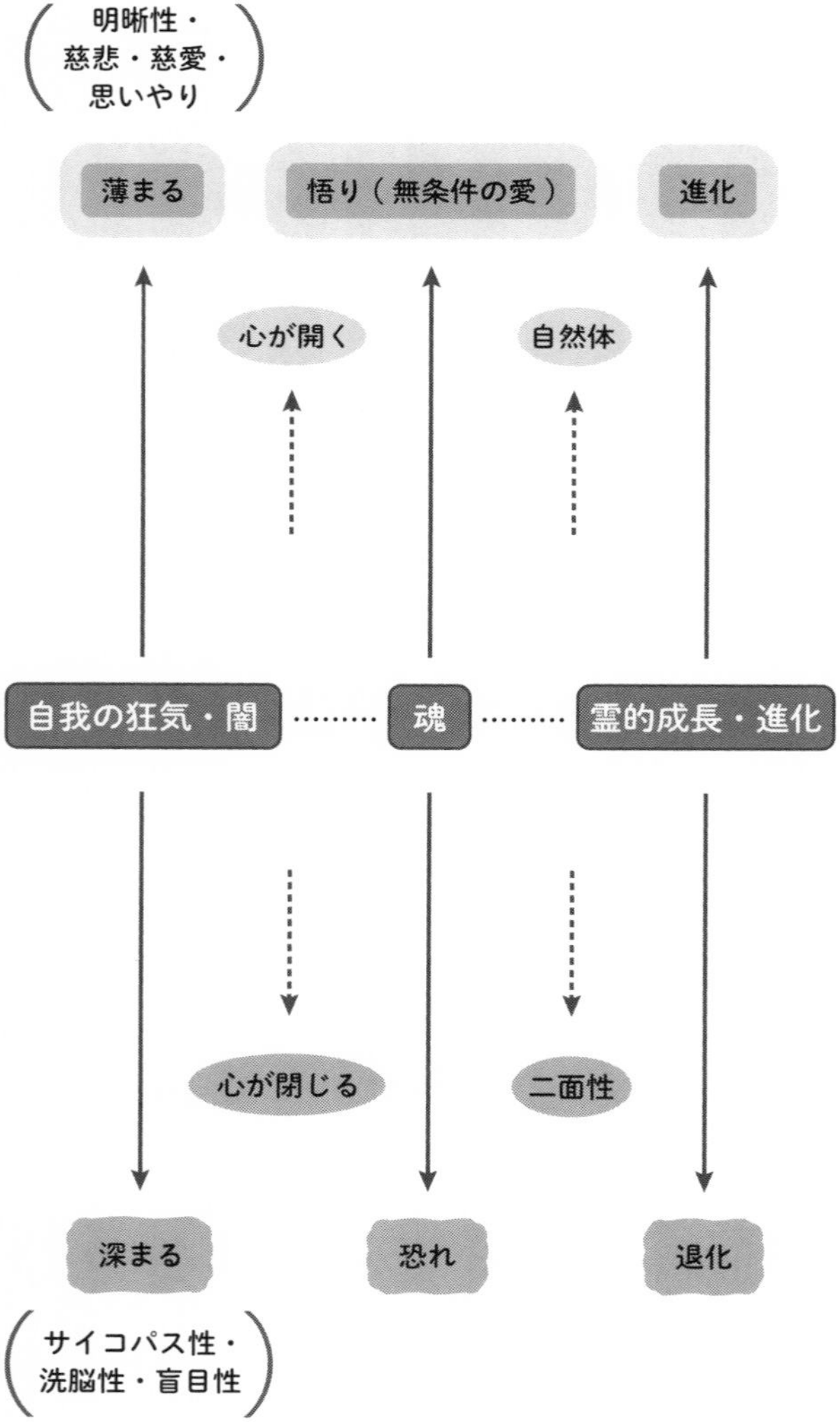

明晰性・
慈悲・慈愛・
思いやり
薄まる
悟り（無条件の愛）
進化
心が開く
自然体
自我の狂気・闇
魂
霊的成長・進化
心が閉じる
二面性
深まる
恐れ
退化
サイコパス性・
洗脳性・盲目性

◆魂の会議（全ては悟りの中の幻想映画として）

？ 「さて、君の魂は今回、地球においてどんな教訓を学ぶの？　その学びのレベルはどうする？」

リリ 「うん……、そうだね。考えたんだけど、今回は赦しを学ぶことをメインの教訓にしようかと思うよ！　それで地球で修練して目覚めをさらに深めるんだ！　だから、赦しのレベルはマックスにする」

？ 「おお、レベルマックスでいくんだね。では割とハードな宿命になるけど大丈夫かい？それなら、君が本当に赦し難いと感じるような闇を担ってくれる役者を人生に登場させないとね」

リリ 「うん、もう覚悟を決めたよ。今回はもう、赦しを完全なものにしたいんだ。だから、闇の役を引き受けてくれる魂を探さないと！」

リリ 「ねえ、魂の家族のみんな！　みんなの中に私の人生の中で闇の役割を担ってくれる子はいる？　私、今世の地球には、赦しのマックスレベルを学びに行きたいんだ！　そのために強烈な闇の役者が必要なんだ。みんな、どうかな？」

魂の家族たち「ええ……」「でも、そんな役割……」「君を傷つける役割はちょっとなあ」「魂としての私たちは皆、愛そのものだからねえ。闇の役割は勇気がいるなあ」「サイコパスな役割かあ。気が引けるなあ。」

魂の家族の一人「……わかった！　私、リリの赦しのレッスンに協力するよ！　私、今世であなたにとっての闇の役割を引き受けるよ。マックスレベルの赦しを学びたいのなら、そして、私自身の今世の神からの天命がサイコパスとして生まれることなら、それは私にとっても貴重な学びの体験だし、必要な体験だから。私、覚悟を決めたよ」

リリ「協力してくれて本当にありがとう。嫌な役割を引き受けてくれてありがとう。共に頑張ろうね」

魂の家族の一人「うん！　全ては愛の中で……」

リリ「そうだね。神の家でまた」

——そして、この全てのやりとりもまた、「在る」の視点においては、ただ起こるべくして起こっていったことでした。

「在る」から観た犯罪

身体という想念が罪という概念をもたらします。
想念の誕生自体が罪なのです。

——ラマナ・マハルシ
『ラマナ・マハルシとの対話　第1巻』

「在る」から観ると、全ての人は無辜《むこ》の存在、つまり罪がある人は一人もいません。しかし、聖書は人には原罪があると言います。原罪とは、人間が生まれながらにして背負っている罪のことです。この二つの主張は一見、完全に矛盾していますが、神の視点から観ると、一切の矛盾がありません。

個人という感覚は必ず二元性を生み出します。「自分」と「自分以外の概念」という二元性です。私たちは、もともとは一元なるもの、つまり神そのものです。しかし、理由はわかりませんが、エゴの世界が生み出されたという幻想がいつの日からか始まりました。自分と神は分離したという幻想の宇宙ゲームが始まったのです。そのゲームを始めるには、自分は神と分離した存在であるという自己洗脳が必要でした。

神は愛そのものです。そんな愛そのものである神から分離したと思い込むには愛とは真逆のものである「恐れ」が必要でした。つまり、「分離した個人」と「神」という二元性を保持するには「恐れ」という要素が必須なのです。そして、恐れは罪の概念を生み出しました。「自分には愛ではない闇の部分がある」という罪悪感です。だからこそ、人には原罪があるのです。

しかし、神の視点から観た個人は幻想であり、それは実在しているものではありません。だからこそ、誰一人として罪のある存在はいないということもまた、真実なのです。神の子が神の家にいる間は「自分は個人としての人間である」という感覚は一切ありませんでした。しかし、身体とマインド（思考）が自分自身であるという思い込みが、罪の感覚をもたらしました。ですから、私たちが個人で存在しているという幻想を信じている限り、罪悪感という感覚から完全に解放されることはありません。

人間の世界はそのように、愛と恐れを支えとしている二元世界であり、それゆえ、恐れを軸とした行動を起こす人は絶えず生まれ続けています。そしてそれがその国の法に触れる行為となったときに、人は犯罪者となります。本来、悪人は存在しないのですが、悪という概念が悪人を生み出し、恐れがいろいろな犯罪として表現され続けています。ですから、もしとんでもない悪行を働いた犯罪者が罪の意識に苛《さいな》まれていたとしても、「自分は犯罪を犯した個人ではない。自分は真我である。私はただ在る。これだけが真実である」という真理に気づいたなら、その人はその瞬間、罪の意識から解放され、牢獄の中にいたとしても限りない自由と愛を感じることでしょう。

◆善と悪という概念の脆弱性

戦争では多くの人が殺害されますが、戦争に勝った国の兵士は敵国とされる国の人を何人殺害してもレイプしても拷問にかけても、必ずしも罪に問われるわけではありません。しかし、兵士ではない人がその国で人を数人殺害すれば、それは大ニュースとなり、国によっては死刑となります。中国では麻薬の使用は場合によっては死刑ですが、日本では麻薬の使用のみで死刑になることはありません。日本で江戸幕府が禁教令を出した時代には、キリスト教徒は犯罪者であり、迫害にあいました。しかし、今は当たり前にあらゆる所に教会があります。イエス・キリストは磔刑《たっけい》となった当時、死刑となるほどの犯罪者だと判断されました。しかし、今では聖者として多くの人に尊敬されています。

このように、犯罪と犯罪ではないもの、犯罪者と犯罪者でない人、その全ては人間が決めていることであり、時代背景やその時の状況に大きく影響を受けているもので、絶対的なものではありません。

こんな実話があります。それは殺人者へインタビューしたドキュメンタリー番組で語られた内容で、インタビューを受けている男性は重犯罪者でした。彼の生い立ちはこうです。幼少期、親の友人男性に引き取られ、その男性から四～五歳の時に性的虐待を受け、また暴力も受け、鼻を折られたりもしました。そして保護施設に行き、里親に出会います。その里親は優しく温かい人たちでしたが、海外留学に行くためにすぐに彼を置いていくしかない状況となり、彼はまた一人になります。そして次の里親は独身男性であり、その男性からもまた、性的虐待と暴力を受けます。少年だった彼は警察に助けを求めに行きますが、証拠の写真を渡したにもかかわらず、取り合ってくれませんでした。そこで最後の頼みの綱として里親の両親である祖父母にその事実を告白しましたが、実の息子の闇を受け入れられずまたもや拒絶されました。そこで、彼は助けてくれる人がこの世界には一人もいないと絶望し、養父の祖父母を二人とも殺害してしまいます。彼はその時の記憶がないそうですが、決して祖父母を殺害したかったわけではなく、性的虐待を続けてきた養父を殺害しているような感覚で衝動的に行ったそうです。二人を殺害した彼は、一時は死刑を宣告され、その後は減刑され終身刑となります。彼に性的犯罪を行った養父は、性的虐待で告発されることもないまま、老衰で亡くなりました。インタビュー番組の最後に、その終身刑となった男性は言いました。

「私はもう、自分に対して性的犯罪を行ってきた養父を赦した」

こうしたことが世界中のあらゆる所で実際に起こっています。いったい何が悪で、何が善なのでしょうか。何が良いことで、何が悪いことなのでしょうか。それは誰が絶対的なものだと決めることができるのでしょうか？　あなたは何に基づいて、それを絶対的なものだと決めるのでしょうか？　私たちは普段、害虫とされる虫たちを殺しても何も感じません。むしろそれは時に褒められることでさえあります。しかし、虫側の視点になれば、それは犯罪と同じくらいひどいことです。彼らが無力であるのをいいことに、私たちは虫たちを排除します。しかし、それが罪に問われることは一切ないのです。

◆罪の肯定化というエゴの現実逃避

神の視点においては、全ては赦されています。ただ、そういうと「ではどんな犯罪を犯してもよいということですか？　犯罪を肯定するのですか？」というふうに捉える方もいるかもしれません。ここで誤解のないようにお伝えしておくと、「全ての人に罪がない」という真実は、あなたが個人ではないからであり、肉体を通して起こる行為と、その行為の結果は、その肉体を通して引き受けることになります。「自分は罪がない存在なんだな。ならば今から強盗しに行っても自分は罪がないんだな」などと、エゴを基盤として、行為の責任を都合よく放棄するためにある教えではありません。ですから、もしその肉体を通して犯罪という行為が起こったならば、肉体はその行為の結果を引き受けることとなります。

責任放棄のためにそうした教えを利用する場合、その軸にあるのはエゴです。個人が真理を利用している限り、本当の罪のなさを悟ることはなく、どこかで必ず、恐れ、もしくは罪悪感を抱くこととなります。というのも、「個人の自分」という意識が土台にあるため、起こす犯罪も必ず「自分の犯罪」という意識で行われるからです。いくら自分でごまかそうとしても、エゴがある限り、魂の本音の部分としては、個人としての自分が罪を感じていることを理解しています。エゴが真理を利用しているとき、その人の心には、必ず閉ざされている部分がありますす。だからこそ、個人としての自分という幻想を看破しない限り、罪の意識、恐れの意識は常に付きまとってくるのです。

真に「在る」の視点に立つのであれば、罪悪感は個人の意識のうえでだけ起こるものだということが理解されます。全てはスクリーンに映っている映画の中で起こることであり、スクリーンには何の影響もありませんので、それらはただ、観照されます。映画の内容でスクリーンが罪悪感を感じたりしないのと同じで、それはただ起こるべくして起こっていることだと認識されるのです。もちろん、目の前の人が「今から殺人してきます」と言えば、それは止めるでしょう。けれども、世界で起こるあらゆる闇の表現に、いちいち怒ったり嘆いたりジャッジしたりすることはなくなっていきます。どんな犯罪映画が流れようとも戦争映画が流れようとも、スクリーンには一切の影響がないからです。

この理解がまだ浅い段階においては、他者の無知さをジャッジせずにはいられないと感じることもしばしばです。例えば、ずっとヨガをやっている誰かに対して、「あなたはまだまだね。ヨガだけをやって悟れるとでも思ってるの？　もう少し賢くなりなさいよ」と言ったりして、他者に自分の理解を押し付けたくなるのです。しかし、本当に自分は「在る」なのだと理解されると、他者がどんなふうに生きていようとわざわざ口出しをする気が起こらなくなります。というのも、それもまた必然性の一つであり、全ては起こるべくしてただ起こっているし、スクリーン側には何の影響もないし意味もないということがはっきりとわかっているからです。だからこそ、一見無知に思えるような他者の行動に対しても、あるがままの一部として受け入れることが起こっていきます。その人は今、それが必要だからやっているんだ、ということがわかり、あるがままを受容できるようになっていくのです。ですから、誰かの人生を必死に変える必要もその責任も一切ないことに気がついていき、いつでも平安にいられるようになっていきます。その結果、誰かが犯罪を犯したとしても、それもまた、あるがままに受容されるのです。

「在る」から観た人間関係

最終的に悟りは、もしそれが本当で真実なものであれば、
どんなことも避けるのをゆるさないことに、私たちは気づきます。

——アジャシャンティ
『あなたの世界の終わり』

「在る」から観た人間関係は、その全ての関係に全き愛が根づいており、それぞれの魂が成長・進化するために引き合う関係性です。人間関係には大きく二つの関係があります。愛の関係か恐れの関係かの二つです。私たちは人生の中で、どちらの関係性も体験し、その中で目覚めを学んでいきます。時には愛の関係が恐れの関係に変化することもありますし、逆に恐れの関係が愛の関係に変化することもあります。愛の関係の主な目的は、あなたが導かれたり、救われたり、助けられたり、支えられたりすることによって、もしくはあなたが導いたり、救ったり、助けたり、支えたりすることによって、あなた自身が愛を学び、理解することにあります。恐れの関係の主な目的は、苦しみを通して、あなたを強くしたり、教訓として学びのレッスンを全うさせたり、自分の中に内在している闇を鏡の役割として映したりすることによって、癒や

しの機会をもたらすことにあります。そしてどちらの関係にも共通しているのが、それら全てが魂の成長・進化のためのものであるということです。

この魂の成長・進化のゴールは悟りです。よって、私たちは究極的にいえば、悟るために恋愛をして、悟るために喧嘩《けんか》をして、悟るために嫉妬して、悟るために憎んで……、とそのように、全ては悟りに向けた関係を築いているのです。自分の中に何かしらの強い反応が起こる関係は、常に自分の内側にある光と闇の鏡の役割を担っています。ですから、誰かの光に心惹《ひ》かれてその素晴らしさに魅了されるのであれば、その光が自分の中にもあるということになります。自分にその光がなければ、相手の光も発見することができないからです。逆も然《しか》りです。

人間関係は基本的に、あなたの内面にある光、もしくは闇が、あらゆる信念を生み出し、それが思考となり、その思考エネルギーが波動として磁気波を持ち、それが他者の発する磁力と共鳴し、磁石のように引き合い、関係性が築かれます。ですから、ある人にはなぜか心惹かれるけれど、ある人にはなぜか全く心惹かれないということが起こってきます。これは、その人が愛を学び成長・進化するために完璧に仕組まれた配役であり、運命です。だからこそ、自分の中にある魂の課題や成長したい部分を刺激するような人間関係が、パターンとして人生に何度もやってくることも多いのです。

◆「人は鏡」のその真相

私たちは自分に内在する要素でなければ、その要素を外側で認識することができません。幼少期から大人になるまでに親や周囲から愛を受け取っていない人は愛が何なのかよくわかりませんし、逆に親に愛をたくさん注いでもらった人は、親の愛情不足でグレる人の気持ちがよくわかりません。そのように、世界の全ては、無意識のうちに自分の中にあるものを軸に認識されていきます。例えば、お笑い芸人を職業とするある人は、その世界で活躍する人の技量に深く感動し、感銘を受けますが、カウンセラーを職業とするある人は、マザーテレサやガンジーの精神性に深く感動し、感銘を受けます。光を誰の何に感じるのかは人それぞれ全く違いますが、自分もその光を潜在的に持っているからこそ、相手の光を感じ取ることができます。それと同じく、誰かの闇ともいえるような要素に激しく怒りを感じたり、悪だと見なして改善させようとする気持ちが湧いたりするのであれば、それもまた、自分にもその人と同じ闇が潜在的に存在しているということです。しかし多くの人が、この真実を受け入れることを拒否します。誰でも、自分の嫌いな人や怒りが湧く人の闇が自分の中にもあるだなんて、認めたくないのです。しかしだからこそ、人間関係でのストレスが一向に消えることがなかったり、延々と悩み苦しんだりするのです。

多くの場合、自分の心に内在している闇は、ありのままに外側に表現されることなく内側で隠されていたり、都合よく忘れようとしたりしている部分でもあるので、なかなか気づきにくいものです。しかし、しっかりと向き合っていくならば、必ず鏡であることに気がつきます。そして、この人間関係の鏡の法則を突き詰めると、究極的には、「自分のエゴ」による「自分の魂」への態度が鏡になっている、ということに気づきます。つまり、自分で自分を精神的にいじめていたり、トラウマを放置したりして愛を注いでいない人は、その鏡として人からいじめられやすかったり、粗末にされやすかったり、傷つけられやすかったりするのです。

例えば、幼少期に親から暴力を受けていたり、精神的虐待を受けていたりする場合、「私は粗末に扱われる存在」「私は暴力を受けてもしょうがない存在」という信念が、無意識のうちに出来上がるかもしれません。そうすると、エゴはその信念を一種の呪いのように保持しますので、なぜかいつも暴力をふるってくる恋人と付き合ってしまったり、結婚してしまったりするというようなパターンが築かれます。それは自分の自己愛の欠如部分を教えてくれる関係なのであり、もし、そうした自分に対しての負の信念が癒やされ、「私は愛に値する」という感覚になれば、決して続けようとは思わない関係なのです。しかし、その人が自分に対して苦しみの信念を保持し、それを愛で癒やし手放そうとしない限り、なかなか別れることができません。それはその人の内面の闇の磁力が引き離さないのであり、宇宙はその体験を通して「もっと自分を大切にしないと、あなたの人生にはずっとあなたの信じるような鏡の人が現れ続けますよ」という教訓を、サインとして見せ続けているのです。

よく、優しい人ほど人に虐げられて損をするなどといいますが、優しくて愛に癒やされた人にそうしたことが起こることは、ありません。他者にはすこぶる優しかったとしても、自分自身には厳しかったり、自分自身のことは全く気にかけず、ないがしろにしたりする優しい人こそが、まさにそうした状況を引き寄せていきます。自分のエゴが自分の魂に押し付けている優しさは一見、非常に良い行いに見えますが、自己犠牲的で、本当の自分は納得していなかったり、恐れが軸となって優しさが起こっていたりするので、純粋な愛としての優しさではないのです。だからこそ、外側はそれを鏡として見せてきます。しかし、はたから見たら、その人の内部で起こっていることは理解できませんので、「あの人はいつも優しいのにかわいそうだ」と、そんな印象を抱くことになります。ではなぜ、イエスのような愛の人が磔刑になったのかというような現実に関しては、それは深い目覚めの定着のための受難であり、この場合、イエス自身の闇の鏡というよりも、人類の普遍的かつ根源的な狂気を超えることによって、イエスは完全な悟りを見出したといえます。だからこそ、イエスは肉体の死後、神として復活を遂げたのです。

――「キリスト」の礫のメッセージは完璧に明らかです。

愛だけを教えなさい。というのは、それがあなたの本質なのですから。

「キリスト」の礫をこれ以外の形で解釈するならば、意図されている安らぎへの呼びかけとしてではなく、攻撃のための武器としてそれを使うことになります。

『奇跡のコース　第一巻』（第6章・Ｉ・13-14）

もし、ありのままの自分をありのままに表現し、そんなありのままの自分を愛することができたなら、あなたの人間関係はその鏡となって表れ始めます。ですから、どんなに自由奔放に生きていたとしても、そんなありのままのあなたを愛する人が現れてくるでしょう。もちろん、出会う人全てがそうなるわけではありません。地球は二元の世界であり、人には光と闇がありますので、時にはそんなあなたを妬む人やだまそうとする人などもいるでしょう。しかし、あなたがあなた自身をありのままに愛し、自分をいじめたり病ませたりするエゴの声を聞かなくなったなら、そうした人に対しての反応が変わります。「ああ、この人たちは今、自分の闇を私に投影してきているんだな。私はその的になったのだな」と、冷静に捉えることができるようになります。その結果、人間関係において、これまでは問題だったものが問題ではなくなるのです。問題がないと心に余裕が生まれます。その余裕は私たちに、他者を慈しむ気持ちを育み、自分に対してその人本人の闇を投影してくる人たちを「どうしようもない見下すべき存在」ではなく、「迷える子羊」として認識するほどに、愛に癒やされている状態になっていくのです。ですから、どんな闇が自分に対して向けられたとしても、それは自分にとっての人間関係の悩み、苦しみではなくなるのです。

◆ありのままの自分を愛する

人は「自分の魂」と「自分の魂に対するエゴの態度」の鏡ですので、もし、聖なる人間関係を築いていきたいのであれば、まずは「自分の魂」の声を尊重し、「自分の魂に対するエゴの態度」に翻弄されないようにする必要があります。具体的にいうならば、

・自分の気持ちに対して嘘をつかない。
・今まで見ないようにしてきた自分の闇の部分に対して正直に取り組む。
・自分が本当はやりたかったけれど、世間体を気にしてできなかったことをやる。

などのようなことから始めていくとよいでしょう。もし、そうしたことを実際にやろうとしたときに恐れや不安が起こるならば、それはつまりあなたの魂がエゴの声にコントロールされているポイントであり、癒やされるべき何かがあるというサインです。そういうときは自分はな

ぜ、それを恐れているのかを正直に観ていき、その恐れのコアとなる部分を探っていってみてください。《【実践ワーク】「在る視点」への誘導》の節で取り上げた「在る視点」への誘導ワークでは、ニーズのコア（根源）を探っていきましたが、ここでは恐れのコアを突き止めることで、より自分に対して慈悲深い態度を示すことが可能となります。

例えば、「本当は金髪にしたいけど、世間の目、友人や家族の目が怖くてできない」という思いがあったとします。その場合、世間や友人や家族にどんなふうに思われるのが怖いのか、自問します。

「変な奴だと思われるのが怖い」

「年相応じゃないと思われるのが怖い」

「見た目で人に判断されるのが怖い」

そんな声が聞こえてくるかもしれません。恐れの声が聞こえてきたら、さらに自問します。

「自分はなぜ、変な奴だと思われるのが怖いのか？」

「なぜ、年相応じゃないと思われるのが怖いのか？」

そこでもたらされる答えに対して、さらに自問していきます。というふうに、どんどん恐れのコアを探っていきます。

「自分が拒絶されて愛されていないような感覚がするから」

↓「大切な人に愛されないと孤独になるから」
↓「ひとりぼっちになってしまう」

そのような自問によって出てきた恐れのコアこそが、エゴが保持している恐れであり、聖霊からの無償の愛を求めて叫んでいるインナーチャイルドの声なのです。よって、あなたの恐れが愛に癒やされれば癒やされるほど、あなたは自然とありのままの自分を生きるようになっていきます。逆に恐れを放置している限り、エゴの声に翻弄され続け、ありのままの自分とは程遠い存在となっていき、結果的にそれが鏡となって人間関係に問題が起こり続けていくことでしょう。

ここで非常に大切な真実をお伝えすると、人は皆、すでに神によって、聖霊によって、ありのままに愛されています。そんな真実に対して、ただ無知であるだけなのです。だからこそ、あなたと神をつなぐ愛の使者、聖霊との関係を深めていくことで、徐々にありのままでいられるようになっていきます。まずはそんな聖霊を自分の人生に呼び込み、自己愛を実践することから始めてみてください。無理な人間関係をこれまで築いてきた人は、そう遠くないうちに自分の人間関係が激変することがわかるでしょう。そしてそんなありのままの自分を愛するあり方こそが、悟りの道へと直結しているのです。

◆覚醒してもなお起こる人間関係の問題

もし、どんなに偉大なスピリチュアルな覚醒体験をしたとしても、その人の目覚めの具合というのは、その人に起こっている人間関係と、それに対する自身の素直な反応が、よく教えてくれます。というのも、自分が人間関係の中で直面する現実こそが、その人の内面の真実を映し出しているからです。もし、偉大な覚醒の体験をしたとしても、その体験を利用して、自分の人生の人間関係の中で起こる苦しみや恐れと自分自身を切り離し始めたのなら、それは覚醒体験を隠れみのとしたエゴからの逃避であり、魂の本音をごまかした行為です。覚醒体験を盾としてエゴからの逃避が起こっているときというのは、本当は不愉快だったり、大きな反応が起こっていたりするにもかかわらず、それに対して「でももう覚醒してしまったし、全てはスクリーンなんだし、私には関係のないことだ」などと思い込み始めたりします。

しかし、もし本当に悟りを見出したいのであれば、その道においては、エゴとしてのどんな自分も避けることができないことを理解する必要があります。あるがままに生きるというのは、自分の内面にあるもの全てを直視し、そのうえで愛の中に全てを溶かしてしまうということです。だからこそ、ありのままで恐れなく生きることができるようになるのです。全てのエゴは「在る（神）」の前では、容赦なく姿を曝《さら》されます。それまでは隠すことのできていた、自分で直視するのが非常に痛い部分、都合の悪い部分が全てあらわになります。それらから逃げるのは簡単です。しかし、その人が本当に悟りを完全なものにしたいのであれば、そうしたものは必ずどんな形を取ってでも、再びあなたの元へと姿を現します。

私たちは自分の人生と真正面から向き合い、自分の恐れと真正面から向き合うことで、初めてありのままを生きるようになります。真の解放は隠されたエゴがいなくなった内面に見出されるのです。ですからそのためには、「自分には、悟りの知識を盾に逃げている部分が本当に一つもないのか」、そう自分に対して真剣に問う必要があります。悟りをただの超越意識だとして、全てを超越したふりをするのではなく、現実として今、自分に何が起きているのか、自分の中に恐れが本当にないのか、ということを真に観ていく必要があるのです。そうして、目覚めが深まっていけばいくほど、自分に対して何もごまかせなくなっていきます。それまではある程度、逃げることに成功していたものに対しても、それを徹底的に見つめさせられるような体験が、人生にやってくるのです。

例えば、自分より成功していた知人がいたとします。その人には商才があり、富も名声も手に入れて幸せそうに見えます。しかしその人のやり方は非常に不誠実であり、詐欺的な要素が入っていました。本音としてはその人を見るだけで怒りが湧いてきて、モヤモヤして、拒絶が起こります。

「こんな人間が成功していいわけがない。あの成功は本来、私にふさわしいはずだ」

そんなふうに感じます。その嫉妬や怒りの感情が苦しいので、その人との縁を断ち、その人の情報が自分の目に入らないように生活するようにします。その取り組みは、最初のうちはある程度、成功します。しかし、ある時ふらっと立ち寄った書店で、その人の本が販売されていることを発見します。それを目にした途端、その人の内面には激しい動揺が起こります。

「本まで出したのか⁉」

そんな感情が湧いてくるかもしれません。そして再び、その自分にとって不都合な現実から逃げようと、書店から足早に立ち去り、心の平安を保とうとします。しかし次は、SNSでたまたま、その人の投稿を目にします。また激しく動揺します。今度はそのSNSアカウントを自分の目に入らないように非表示にして、また平安を保とうとします。しかし次は雑誌で偶然その人を目にします……。

これら全ては必然の出来事であり、その全てが避けようのないものでした。そこでようやく、気がつきます。

「ああ。私はもうこの課題から逃げられないんだな。自分の内面で起こっていることを見つめるしかないのだな」

目覚めが深まると、このように自分があるがままの世界に対してどうしても受け入れられない、変わるべきだ、存在するべきではないと感じるものを徹底的に見つめさせられることが起こってきます。その都度、恐れを手放し、自分のエゴを愛によって癒やしていくことが起こると、その人はどんどんあるがままの世界をあるがままに赦すことができるようになっていきます。完全なあるがままの受容が起こったとき、その課題は消え去り、その人の人生でパターン化されることが終わります。偶然目にしても、もう動揺することはないですし、その学びが終わったがゆえに、宇宙もあえてその情報を見せてくることがなくなるのです。それはまさに愛と調和の状態であり、全てを受容し赦しているスクリーン側の視点です。その時、悟りと自分の境目が消えていき、そして完全にあるがままの世界にあるがままの世界そのものとして、くつろぐことが可能となるのです。

◆受け入れられないものと不快なものの違い

ただ、そうすると、何でもかんでもありのままに受け入れて、完全な受け身になるのか、自分が傷つけられても構わず受け入れるのか、とそんな疑問が湧いてくることもあるかもしれません。

あるがままに受け入れるということはただ、無思考に受け身になるということではありません。肉体が続く限り、その肉体を通した「快・不快」という感覚は残り続けます。よって、不快なものをあえて見たり、そうした世界にあえて自分を留めさせたりするということではなく、不快であれば、立ち去るなど何かしらの行動が起こります。しかしそのうえで、不快だと感じることに対して罪の意識を投影してジャッジを起こす、ということがなくなっていくのです。その非常にわかりやすい例として、インドの覚者クリシュナムルティと女優ブリジッド・バルドーのこんなエピソードがあります。

クリシュナムルティはある時、テレビを見ていて、アザラシの毛皮を取るために、アザラシの赤ちゃんが棍棒《こんぼう》で叩き殺されている場面を見ました。その映像は非情に残酷でクリシュナムルティはその瞬間、不快感を感じ、「もうこれ以上は見るに堪えない」とテレビのスイッチを切りました。クリシュナムルティに起きた行動は「不快なものを見ない」というものでした。しかし、彼はアザラシに起こったその現実をジャッジし、苦しむことはありませんでした。

時を同じくして、同じ場面を見ている女優がいました。かの有名なブリジッド・バルドーです。彼女は動物を非常に愛しており、流れた映像があまりにもショックで受け入れられないと感じ、何日も眠れない日々を過ごすこととなります。そして彼女はアザラシの狩猟を反対する運動を起こすようになりました。ブリジッド・バルドーは国際的に大きな影響力を持っている人物でしたので、実際にアザラシの毛皮の輸入が中止されました（参考7）。

どちらの行動が良いとか悪いとかそういうことではありません。ただ、受け入れられない物事というのは永遠に存在し続けますので、世界のどこかでアザラシや他の生物は狩猟され続けますし、それが受け入れられない限り、ストレスは消えないということです。そしてなぜ、そうしたことが起こるのかといえば、それもまた、ただ起こるべくして起こっているのであり、地球という映画の一部なのです。ブリジット・バルドーはその映画が本物であると信じていたので、必死に現実を変えようと尽力しました。しかし、クリシュナムルティは、それらも含めた全ては真の自分である「在る」には何の影響もなく、どんな映像が現実という姿で流れようともスクリーンには何も関係がないことを知っていたので、ただ、不快なので見るのをやめるという行動のみで済んだのです。

あるがままを受け入れるとはつまりはそういうことです。快・不快は引き続き起こり続けますが、現実に対して絶対に受け入れられないと感じるものは、しだいになくなっていきます。全ては幻想であり、赦されているという理解があるため、「あれは、あの人は、あの行動は、絶対に存在すべきではない」と外側の何かをジャッジし、現実を変えようとするコントロール欲求を持たずに、そのうえで、自分のやるべき行動を起こしていく、ということが起こっていくのです。

「在る」から観た成功と失敗

私たちを内なるパワーから引き離す幻想の一つは、
人生は成功か失敗で測られるという信念です。
それは偽りです。

——マイケル・J・ローズ
『真理を生きる』

「在る」から観れば、全ては大成功です。全ての人・事・ものはあるがままで大成功しています。あるがままの今が常に、全て、大成功なのです。しかし、エゴの視点から世界を眺め始めると、そうはいきません。自分は個人であり、その個人と他者を比べたうえで、成功と失敗という概念が形成されていきます。多くの人が、人生は成功か失敗かで測られるということを信じています。人よりもお金を持っていれば成功で、人よりお金を持っていなかったら失敗、まっとうに生きたら成功で、まっとうに生きられなかったら失敗、人より能力が優れていたら成功で、人より能力が劣っていたら失敗、人より容姿が良かったら成功で、人より容姿が悪かったら失敗、権力を持てば成功で、刑務所に入れば失敗……、そのように成功と失敗があらゆる信念をもとに形成されていき、終わらない勝ち負けのゲームが起こっていきます。その結果、個人という存在は大人になるにつれて、「人生とは成功するか失敗するか、それが全てである」と思うようになっていきます。この終わらぬ勝ち負けのゲームに翻弄され、優越感と劣等感の間を振り子のように行ったり来たりし続けて、いつの間にか今を純粋に楽しむことができなくなり、精神的にどんどん疲弊していくのです。

あなたは今、自分に対してどんな自己イメージを持っていますか？

あなたは成功していますか？　それとも失敗していますか？　それとも半々でしょうか？

そして、その全ては自分の思い込みだということがわかりますか？

例えば、ある女性がお金持ちのパートナーと結婚したとします。するとその人の自分に対する思い込みは「成功者」として構築されます。しかし、五年後、子どもを産んで離婚したとします。するとその人は自分を「失敗者」だと思い込むようになります。

会社の社長になったら「成功者」で、倒産したら「失敗者」です。SNSのフォロワー数が多ければ「成功者」で、少なければ「失敗者」です。そのように、きりのない成功と失敗のゲームを繰り広げているわけですが、なぜ、人はそのように成功を追い求め、失敗を恐れるのでしょうか。それは、自分を「失敗者」だと信じ始めた時に感じる感情が、大きく関わっています。

自分を「失敗者」だと認識した際に、一般的に起こる感情は恥ずかしさ、惨めさです。自分は恥ずかしい存在、惨めな存在だと感じるとき、人は自分に価値がないように思い、その感覚に苦しみます。逆に「成功者」だと信じたときに感じるのは、誇らしさ、自信です。しかしこの全ては、自分の思考や社会的な風潮が決めていることであり、真実ではありません。

真実は、常に大成功しています。なぜなら、全ては神の愛の中で魂にとって最適な愛の学びのために、完璧に起こるべくして起こっているからです。その真実を理解すると、自分が自分を「失敗者」だと感じる部分に対して、そこまで惨めになったり恥ずかしさを感じたりする必要がないこと、そして自分が自分に対して「成功者」だと感じる部分に対して、誇らしさや自信というよりも感謝が湧いてくるようになります。そしてその全てがやがては過ぎ去るものだと理解されたのなら、そうした「成功者」や「失敗者」の自己像は一過性のものであり、自分の思い込みや社会の勝者・敗者という洗脳は当てにならないものであることが理解されます。その結果、成功・失敗という自己認識にとらわれることなく、魂の本音を軸に、毎瞬をあるがままに生きられるようになるのです。

◆どちらに餌をやる？

アメリカのインディアンであるチェロキー族に伝わる「心の中の二匹のオオカミ」という有名な話があります。チェロキー族の老人が孫に対して、こんな話をしました。

「われわれの心の中には二匹のオオカミがいて、その二匹は絶えず闘っている。一匹は黒いオオカミで、怒り、恨み、妬み、傲慢、強欲、恐れ、悲しみ、競争心、優越感、劣等感といったエゴの闇が強いオオカミだ。そしてもう一匹は白いオオカミで、愛、平和、喜び、慈悲、優しさ、思いやり、謙虚、共感、信頼、希望といった愛のエネルギーに満ちたオオカミだ。

わしの中でこの二匹が絶えず闘っているように、おまえたちの中にも二匹のオオカミがいて、同じように闘っている。そして、全ての人たちの心の中でも同じ闘いが繰り広げられているんだ」

それを聞いた孫はしばらく考え、そして尋ねました。

「どっちのオオカミが勝つの？」

老人は答えました。

「おまえが餌を与えたほうだよ」

私たちの内面においても同じことがいえます。あなたが自分を失敗者だと見なし、けなすならば、それはつまり、自分の内面の闇の狼に餌を与えているということです。自分をありのままに愛し、魂が本当にやりたがっていることを尊重するのであれば、それは愛の狼に餌を与えているのです。

悲しいことに、多くの人々は自分にとって完璧な成功を追い求めるがゆえに、たとえ人生の九割がうまくいっていたとしても、一割がうまくいっていないと、そこにばかりフォーカスを当てて、自分を責めたり惨めに感じたりします。九割のうまくいっていることは当たり前で、一割のうまくいっていない部分に目を向けて、闇の狼にひたすら餌を与え続けてしまうのです。その結果、どれだけの名声や富を手に入れたとしても、人生の道に迷ってしまう場合も少なくありません。

エゴはその人がどれだけ恵まれた状況にいようとも満たされない部分を探し、容赦なくあなたを苦しみの沼へと沈めていくのです。そのように考えてみると、完全なる成功者など、この世界に一人もいません。皆どこか欠けている部分を持ちながら、時に成功したり失敗したりして人生を過ごしているに過ぎません。

もし、本当の失敗があるとしたら、それは自己の内面においてのみです。内面で闇のオオカミに餌を与え続けることで、そのオオカミが内面で元気になり、愛のオオカミが飢えて痩せ細って弱ってしまっている場合だけなのです。

「在る」から観た真の成功

「在る」から観た真の成功は、通常考えられる成功とは少し違います。「在る」から観た真の成功とは、その魂がありのままに自分を表現し、輝き、生き生きとし、恐れを克服し、そのプロセスの中で愛を学び、気づき、霊的に成長・進化し、最後には神の家に帰還することです。それは勝ち負けで測れる領域の成功ではなく、その魂のみが見出せるオンリーワンな成功です。その先にあるのは、個人としての自分からの解放であり、それは真の成功であると共に、真の自由でもあります。

あるがままの自分を赦し、愛し、他者のあるがままに思いやりを向け、赦し、外の世界のあるがままを受容すること、これが真の成功です。そこにはもう、成功や失敗を気にして必死になる個人はいません。ただ、平安だけがあります。そして肉体のある限り、その平安から、神の創造性が表現され続けていきます。神より与えられた天命に向けて個人の才能を活かすようになるのです。人生の流れを必死にコントロールしようとする欲求は神に明け渡され、神の道具として、人生があるがままに起こっていきます。

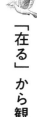

◆失敗は時に素晴らしい愛をもたらしてくれる

「在る」から観たら全ては大成功だとお話ししましたが、その理由は一見、失敗に思えることも結局は成功につながっているからです。「失敗は成功の母」などといったりしますが、本当にその通りです。

自分にとって人生の失敗だと思えるものこそ、本当の愛に導いてくれることを知っていますか？　イエス・キリストは「心の貧しい人々は、幸いである。天の国はその人たちのものである」と言いました。心が貧しいとは、精神が苦しかったり、病んでいたりすることであり、それはいわゆる「失敗者」です。しかし、イエスはそんな失敗者こそが神の国（悟り）を発見すると言いました。なぜでしょうか？　一見、不思議な教えかもしれません。しかし、リリという肉体に起こった人生ストーリーを振り返っても、まさにこの言葉通りのことが起こりました。

二十三歳まで私の人生は完全に失敗でした。好きではない仕事をして、信頼できない人々と無理やり付き合い、愛という言葉は偽善の言葉で、世界がとにかく私に攻撃してきているような、そんな気分で毎日を過ごしていました。悲観主義のネガティブ思考だったことで、常に惨めさと羞恥心を抱えているような失敗者として生きていたように思います。しかし、その闇こそが私を真理に導きました。

もし、あの頃の失敗が一切なく、世間一般的にいわれる成功を手にしていたとしたら、目覚めに興味を持つことは決してなかったことでしょう。あの失敗は振り返ってみれば、大成功だったのです。当時、自分が必死になって執着していたものがたくさん取り払われていきましたが、それもまた大成功でした。私の意識は、より人生に対して真剣になり、そこで初めて自分の幸福に対して本気になったのです。そして本気になればなるほど、幸福であるための答えは「悟り以外ない」と感じました。リリという人間の意識を目覚めに対して本気にさせてくれたのは、そんな大きな失敗の体験です。

そして私のセッションを受講してくださる人々の多くもまた、大きな苦しみ、いわゆる失敗と呼ばれるような体験を通して、目覚めへと導かれています。濡れ衣を着せられて社会的立場を失った方、夫婦関係で失敗をしたと感じている方、良い人を演じ続けることに失敗した方、人それぞれにいろいろな状況がありますが、皆さん失敗を乗り越えて、真理に行き着いていいます。そして皆さん口をそろえて、「あの苦しみがなかったら、目覚めなんて一切気にしない人生だったと思う」、そんなふうにおっしゃいます。そう考えると、全ての失敗は目覚めへの誘いであり、その視点で世界を眺めると、やはり全てはあるがままで大成功なのです。

「在る」から観た完璧さ

目覚めとは何でしょう?
すべてが完璧な状態であると信頼していることです。
――アダマス・セント・ジャーメイン
『神性を生きる』

「在る」から観た完璧さとは「今ここ」の「あるがまま」です。それは、今、目の前のありのままの現実であり、ありのままの社会であり、ありのままのあなたであり、真のありのままになりたいけれど、なれないその現時点でのありのままのあなたでもあります。しかし、エゴはすぐにこのように考え始めます。

「今のこの私が完璧なわけがない。そんなことあり得ない。私は目覚めていない。まだまだだ」

そのように、エゴの考える完璧と、「在る」から観た完璧は全く違います。エゴは自分と他人を比べたり、自分の欠けている部分を探したりするのが大の得意です。だからこそ、完璧を求める人は、常に他者と自分を比べてより優れた自分になろうとしたり、今の自分に欠けているもの、足りないものを探したりします。ありのままの現実とありのままの自分を受容し、そこにくつろぐことはほとんどありません。

私は、完璧主義者で心が平安な人を見たことがありません。自分の考える完璧に到達した際には一時的には平安かもしれませんが、そうした人はまた次の完璧への道が始まりますし、ずっと完璧を維持できるわけでもないので、今度はその維持へのストレスが始まります。エゴの求める完璧さはそのように、自己批判を呼び寄せるのです。

エゴの声を信じて自分の批判基準をクリアすることに必死になっているうちに、あっという間に人生が過ぎ去っていきます。ホッとリラックスする間もなく、ひたすらに自分の打ち立てた完璧さの基準に追い立てられ、競争が起こり、優越感と自己批判の行ったり来たりを繰り返し、追い詰められていきます。

ついに精神に限界がきて頑張れなくなると、今度はそんな頑張れない自分に対しての自責が始まります。その根底にあるものは恐れです。どういう恐れかといえば、「自分はありのままでは不完全である」という恐れと「現実はコントロールできる。コントロールしなければ自分の人生はどんどん悪化していく」という人生に対する不信からくる恐れです。これらは全て、エゴの幻想による呪いともいえるような思い込みにすぎず、実際の真実は、それとは真逆のものです。真実は、ありのままであなたは素晴らしい存在であり、エゴが現実へのコントロールをやめると宇宙の大いなる流れに乗るようになります。

エゴの考える常識とこの世界の真実は、いつも真逆です。まるで目覚めに向けてのひっかけ問題のようです。ですから、あなたが完璧であろうとする努力をやめると、その時初めて、あなたは完璧になります。それはエゴから見た不完全さまでをも全て受容した真の完璧さであり、あるがままという完璧さです。

この真実に気づきながら生きるようになると、宇宙の大いなる流れに乗るようになり、自分では想像もし得なかったような大きな奇跡を体験することになります。それまでは「私は完璧になりさえすれば、平安を見出すことができる」と考えていたのが、実は平安は目の前にあったのだということに気づきます。悟るために霊的な修練を完璧にして、あるがままの現実を否定しなければと思っていた人は、今のあるがままを完全に受容するというその視点こそが悟りであると気づきます。全てが、神である「在る」を基盤に起こっていくことだと知るので、それ自体がどんな表現をしようとも、その全ては「在る」として完璧であると徹底して気づいていくのです。これこそが「在る」の視点です。

そんな完璧さを的確に表現した老子の言葉があります。

「最も偉大な完璧さは不完全に見えるが、それにもかかわらず、それは朽ち果てず、長く使われるだろう」

この宇宙世界で朽ち果てることのないものは一つもありません。やってきては全て過ぎ去るものです。しかし、たった一つ、過ぎ去らないものがあります。それは「在る」です。「在る」だけは決して朽ち果てることなく、一瞬たりとも消えることなく、ただ在り続けます。つまり、完璧さとは「在る」そのものであり、その「在る」の中で起こる全てです。老子はそんな真実に気がついていました。だからこそ「在る」から観れば、あなたのどんな言動も、社会のどんな出来事も、全てはあるがままで完璧で、赦されています。

◆エゴは完璧さを求め、「在る」は完璧さにくつろぐ

結局、エゴの考える完璧さにはさまざまな条件がついてきますが、「在る」から観た完璧さは違います。エゴの考える不完全さというのは、そもそも「在る」という完璧さの土台の中で全て幻想として起こっています。そのことへの理解そのものが、「在る」から観た完璧さなのです。それは言い換えるならば、ありのままの現実への完全なる受容ということになります。ですから、あなたがありのままを受容した瞬間、この世界は完璧になるのです。

ただ、ここで問題となるのが「どうしても受容できない現実たち」です。完璧主義の人も、人生をコントロールしようと必死な人も、その奥を見ていくと、そこには「あるがままの自分や自分の現実を許容できない」という苦しみを抱えています。ではなぜ、受け入れられないのか？　その理由、その根源を自分に対して優しく問いかけて、自分と対話していく必要があり

ます。まるで愛の使者である聖霊があなたに優しく問いかけてくれているような、そんなイメージで問いかけていくと、より、実践しやすくなるかもしれません。そうして受け入れられない根源的理由がわかれば、自分を責めるのではなく、そんな自分に慈しみを向けることが可能となります。慈しみは現実への抵抗感を緩めますので、あるがままを受容する心を育む大きな要素となっていくでしょう。

例えば、「私は戦争が受け入れられない。戦争など存在していいわけがない」という思いがある場合、この世界は全く完璧に思えません。なぜなら、戦争は世界のあちこちで絶えず起こっているからです。そうすると、戦争をなくすための努力が必要となってきますが、個人一人でできることは少なく、その結果、無力感に苛まれたり、戦争を起こす人々に対して激しい怒りが湧いてきたりするかもしれません。そんな場面においての聖霊への問いかけの例をご紹介します。

――「私は戦争が受け入れられない。戦争など存在していいわけがない」

愛の使者・聖霊「愛するあなた、どうしてそれが受け入れられないの？」

――「戦争はたくさんの人が傷つけられて、罪のない人を巻き込んで、狂気の沙汰だから。

私はそれに耐えられない」

聖霊「そうだね。君はその現実に耐えられないんだね。どうして耐えられないのかな？」

――「何も悪いことをしていないのに苦しんでいる人を見ると、心が傷ついてしまうから。心が壊れてしまいそうになるから」

聖霊「そうだね。君は戦争を見ると、心が傷つき、壊れてしまいそうになるんだね。君はそのとき、何が受け入れられないの？」

――「自分の心の傷、痛み、絶望が受け入れられない。苦しい」

聖霊「そうだね。君はその傷をどうしたら受け入れられるようになるかな？　どんな愛があれば、受け入れられるかな？　少しでも君が安心するために必要なことはある？」

――「この世界は絶望の世界なのではなく、大丈夫なのだと教えてほしい。怖くないように、傷つかないように、抱きしめてほしい。守っていてほしい」

聖霊「では、私がそれを教えてあげよう。あなたを抱きしめて、あなたを守っている。あなたはいつでも大丈夫。あなたが傷つき苦しんでいるとき、私はいつでもあなたを愛で包み込もう」

――「それだと少し楽になる。少しゆとりを持って戦争について向き合える」

聖霊「あなたが戦争という現実を受け入れられるように、私はずっとあなたを愛で包んでい

るよ。いつでも私を呼んで」

――「あなたがいつでも一緒にいてくれるなら、私は怖くないかもしれない。でも戦争で傷つく人たちは？　どうなるの？」

聖霊「彼らのこともまた、私は完璧に守っている。愛で包んでいるよ」

――「でも、戦争で死んでしまう人もたくさんいるよ。その中には生まれてきたばかりの赤ちゃんや、幼い子を持つ親もいる。そんなの耐えられないよ」

聖霊「それもまた完璧な流れの一つなのだよ。それもまた、愛で包まれている。その人たちが肉体を去っても、魂は決して死なない。その人はその人の今世の学びを全うしたのだよ。今世では地球という遊園地の中でも地獄ゾーンを多めに選んだんだ。でもそれも一つの体験であって、愛の中で全て起きている。だから、その人もいずれこの遊園地を出て、悟りに還る。だから大丈夫。全ては愛で包まれている」

――「それならまだ戦争に向き合える。戦争もまた、ただ起きているんだね。それも完璧さの一つなんだね。私が戦争の悲惨さに傷ついてもあなたがいつでもいてくれる。そして戦争で傷つく人もまた、あなたが愛で包んでいるんだね」

聖霊「そうだよ。だから全ては大丈夫。全ては〈在る〉の完璧さの中さ」

――「であれば、戦争を否定しなくてもいいかもしれない。私はそれを受け入れられるかもしれない。私は戦争に怒ったり反対したりするのではなく、彼らの幸せを祈り、私自身の平和を尊重することができるかもしれない」

聖霊　**「そうだよ。愛の中で受け入れられないものは何もない。そうだよね？」**

――「そうだね。ありがとう。あなたの存在のおかげで、世界を見る目が一八〇度変わってしまったよ」

聖霊　**「私はいつでもあなたの呼び声に応える。だから、いつでも頼ってごらん」**

――「ありがとう。私は戦争を否定しないでいいんだ。私の平和は世界の平和なんだね。私だけの平和なんだね」

聖霊　**「そうさ。君の中に世界の全てがある。君の内面の投影なのさ。受け入れられるようになったというのは、愛の中にいる証拠だね。いつでも私を呼んでいいからね」**

では、次に「私は濡れ衣を着せられたことが受け入れられない。冤罪《えんざい》など存在していいわけがない」という思いの場合の、聖霊への問いかけの例です。

――「私は何も悪いことをしていないのに、人に罪を着せられた。そのおかげで周囲から私が悪者にされている。本当はあの人の悪行なのに。こんなのおかしい。絶対におかしい。

受け入れられるわけがない」

聖霊　**「愛するあなた、どうしてそれが受け入れられないの？」**

――「だって私は何もしていないのに！　どうして私が悪いことになるの⁉　そんなのおかしい。絶対におかしい」

聖霊　**「そうだね。濡れ衣を着せられることは起こるべきじゃない？」**

――「そりゃそうだよ。絶対におかしいよ」

聖霊　**「絶対におかしいと思うんだね。それでいいんだよ。しかし、あなたは苦しみから解放されたくて、私を呼んだ。そうだね？」**

――「うん……。私はもう、この理不尽な現実に振り回されていたくないんだ。幸せに平安になりたいんだ」

聖霊　**「では、その現実から解放されるためにも、それを受け入れて、あなたが楽になるには何が必要？」**

――「受け入れるためには……、この理不尽な世界で、真実を知っている存在がちゃんといて、その人が私のことを理解してくれていて、私を信じてくれていて、そして私が冤罪を受けたことに対しての苦しみを、ちゃんと聞いて受け止めてほしい」

聖霊　**「私は真実をちゃんと知っているよ。私はあるがままのあなたを愛しているよ。冤罪を**

受けたことの苦しみも、ずっと見守ってきたよ。あなたは今、どうしたい？」

――「たくさん頑張って、それで本当に本当にしんどかったことを知ってほしい。涙が出てくるよ」

聖霊「そうだね。苦しかったね。思いっきり泣いていいよ。私がその間、あなたをずっと守っているから」

――「（……ぐす……ぐす……）うわあああああああああああん」

聖霊「苦しかったね。よく頑張ったね。あなたの苦しみと優しさを私はちゃんと知っているよ」

――「ありがとう。本当に苦しかったんだ。本当に理不尽で、本当に訳がわからなくて……」

聖霊「苦しかったね。よく頑張ったね」

――「うん。私を守ってほしい。私は安全なんだと教えてほしい。」

聖霊「私はあなたをずっと守っている。あなたを愛で包んでいる。だからあなたは大丈夫だ。絶対に何があっても、完全に大丈夫なんだよ」

――「ありがとう、ありがとう。私、この出来事を少し受け入れられるかもしれない。これも必然で起こったんだね」

聖霊「多くの人は受難を通して目覚める。君はその受難を通して何かに気づいた？」

――「エゴの世界はやっぱり楽しいけど大変だ。愛そのものに還りたいよ。私は傷ついた分、自分に心から優しくなることを学んだよ。そして自分の闇にも気づいた。この闇からももう、解放されたい。愛に全てを返したい」

聖霊 **「そうだね。君はより一層、自分に対して慈しみを向けられるようになったね。それはとても素晴らしく大切なことなんだよ。闇の浄化も起こったね。それもまた素晴らしいことだ。おめでとう」**

——「そうだね。これらを学ぶために、この受難は起こったんだね。そう思うと、受け入れられるよ。私の苦しみはあなたがちゃんと受け止めて理解してくれた。私は私の真実を知っている。だからもう、相手を恨むのもやめよう。だって、全ては私が私を大切にするために起こったんだから。そう考えると、彼らに感謝さえ湧いてくるよ。不思議だ」

聖霊 **「君はたくさんの涙の先に強さを見出したんだよ。素晴らしい。これからも私はずっとあなたの味方だ。愛を注ぎ続けているよ。いつでも覚えていてほしい。あなたは完全に安全で、愛に満たされていて、ありのままのあなたで祝福を受けているということを」**

——「ありがとう。だいぶ楽になったよ。やっぱり愛が全てなんだね」

聖霊 **「そうさ。君はもう大丈夫だね。いつでもまた呼んでいいからね」**

——「ありがとう。私、生きるよ。愛に生きる」

次は、「野心や競争心を持ったありのままの自分をどうしても受け入れられない」という思いの場合です。

――「私は自分のありのままの野心、競争心を受け入れられないんだけど、でもやめられないんだ」

聖霊 **「どうして野心や競争心が受け入れられないの？」**

――「勝ち負けの優越感と劣等感、この行ったり来たりだからだよ。それに気づいてしまったんだ。とても疲れるんだ。でもそれでもやってしまうんだ」

聖霊 **「どうしてやめられないんだろう？」**

――「それらを取り払ってしまった自分に自信がないのと……、あと正直なところ、それは楽しいのかもしれない」

聖霊 **「君は野心や競争心を楽しみながらも疲れているんだね？」**

――「そうだと思う。本当に疲れ果てたらやめるのかな？　今はまだこの体験をしていたいっていうのは正直ある。でも受け入れられないと感じる部分もある」

聖霊 **「じゃあ、そんな受け入れられない自分を受け入れよう。私は体験を楽しむ自分も、それに疲れている自分も丸ごと赦している、と。あなたがどんなあなたでも、私はそのあ**

なたを愛しているよ」

――「受け入れられなくていいの？」

聖霊　**「受け入れられないという思いを受け入れればいいのさ。最後に『イエス（受容します）』と重ねればいいんだよ」**

――「そっか。じゃあ今、野心や競争心があってそれを受け入れられない自分自身も、結局、野心や競争心を楽しんでいる自分自身も、両方とも全部受け入れたらいいんだね」

聖霊　**「そうさ。最後に、全部が受け入れられていることに気づいたら、それで十分だよ」**

――「そしたらだいぶ楽になるよ。あるがままでいられる。受け入れられないありのままの自分もまたありのままってことだね」

聖霊　**「そう、それさえも完璧なんだよ。いつか然るべきタイミングでちゃんと手放されるから。あなたがそれを望む限りね」**

――「なるほど。深いね。どんな自分もとりあえず受け入れて、そしてそれと同時に解放を願うよ。君はその願いをちゃんと聞いてくれているんだよね？　ありがとう」

聖霊　**「ああ、その通りだよ。私は必ずあなたの目覚めをサポートする。またいつでも呼んでくれていいよ。私はいつもあなたを愛で包んでいるから」**

あなたの根源的な恐れや悲しみが癒やされれば癒やされるほど、ありのままの現実を受容できるようになります。その先に待っているのは聖霊との一体化です。そもそも、自分が愛そのものだったと気づくのです。そこから分離したことは一度もなく、だからこそ全ては完璧で大丈夫だという安心感が起こってきます。そこにあるのは「在る」だけです。

「在る」から観た無知

究極的には、真我実現とは無知の消滅であって、
それ以上でもそれ以下でもありません。

——ラマナ・マハルシ
『ラマナ・マハルシとの対話　第3巻』

「在る」から観た無知とは「真理に対する盲目さ」です。自分の思考や身体を「本当の自分」だと信じることであり、探究者における無知は「私はまだ真我を実現していない」という信念を保持していることだともいえます。たとえるなら、それは神の家という無条件の愛の一元性の中で夢を見ていて、その夢のほうが現実だと思い込んで生きているようなものです。

「在る」から観れば、知識や概念に対する無知さは、どうでもよいものであり、どんなに学力を習得したとしても、真理に対して無知である限り、エゴは絶えず「私は神の家から出てしまった。私は愛そのものではない」と神との分離を主張します。それは〈夢の中〉では非常に真実味があります。しかし、神の視点で観ればそれは〈エゴの寝言〉であり、「在る」は「あなたは愛そのものだ。あなたはすでに神の家の中にいる。ここから出たことは一度もない」、そんな真実をそっと教え続けています。

神の子は自分が今見ている夢の中の出来事こそが真実だと思い込んで、ずっとうなされています。目が覚めてしまえば、「あれ？　私はずっと神の中にいた。愛そのものだった」と気づくのですが、長い長い夢を見ています。時には楽しい夢であり、時には恐ろしい悪夢です（地球においては悪夢の要素が強いですが）。それがこの宇宙世界であり、無知の上に築かれたリアリティ（現実）です。

非常にシンプルな話ですが、無知が終わりさえすれば、真我である「在る」はすぐさま実現されます。にもかかわらず、多くの人が真我実現（悟り）に対して、どこか到達すべきもの、登頂した先にあるもの、修行の末に得るもの、といったようなイメージを持っているように思います。しかし、真実はもっとシンプルで、本当の自分ではないものを全て捨て去ったときに残るもの……、これが真我であり、悟りです。それはどちらかといえば登頂というよりも下山的なプロセスであり、もともとの自分に戻ること、だともいえるでしょう。

もともとの自分というのは、一切、概念化されていない自分であり、つまりは赤ん坊の頃まで さかのぼることになります。赤ん坊の時、私たちは自分のことを赤ん坊だと認識していません。ただ、存在しています。自分に対して大人たちが送る視線も、「今、この大人たちは自分を赤ん坊として見ている」とは思わずに、ただ相手の顔の受容体として存在しています。笑いたいときは笑って、泣きたいときは泣いて、ありのままの表現が起こります。自分は個人として存在していて名前がついていて性別があるというようなことを気にせず、ただミルクを飲んで、ただ寝て、ただ起きて……、この繰り返しです。そこには「自分は～である」という自己認識・自己概念が一切ありません。だからこそ、赤ん坊は「半分、悟っている存在」だといえます。なぜ半分なのかといえば、赤ん坊は「自我の芽生え」という宿命を背負っており、悟りの中に自我の種が埋まっているからです。

私たちは成長していくにつれて、自我を身につけ始めます。自我とは「自分は個人として存在している」という感覚を支えるものであり、そこから「個人の人生」という無知を土台とした人生ゲームが始まっていきます。しかし、子どもの時はまだ、自分は個人として存在しているという認識がそこまで強固ではないので、無我夢中で遊びに没頭したりしやすい状態です。そのため一般的に、大人よりも子どものほうが「今ここ」を堪能する能力が高いのです。もちろん、その子が育つ環境によって程度の差はありますが、しかし大人になって自我が強固に確立された状態に比べると、まだ真我に近い状態です。そこから大人になるにつれて、私たちは「自分はこういう人間で、こういう容姿で、こういう信念を持っていて……」というふうに自我を確立させていきます。そうやって、自分と自分以外のものという二元性の壁を、概念化によってどんどん積み上げていくのです。

しかし、そこでぶち当たるのが、自分は世界と分離した個としての存在であるという思いからくる根源的な孤独感と、全てのものが永遠ではない、つまり、やがては滅びるという虚しさ、恐怖です。真我と自分の間に壁ができればできるほど、この「孤独」と「恐れ」はどんどん深まっていきます。エゴが本当の自分だと信じている限り、そこには必ず生と死の二元性があります。自分はやがて死ぬ「個」としての存在であり、永遠の存在ではない。だからこそ死が運命づけられています。それに加えて、「個」としての分離した存在である限り、生きている間は常に孤独がすぐそばにあります。たとえどんなに愛する人と相思相愛になったとしても、自分の宿命・運命・課題・病・死を相手に背負ってもらうことはできません。逆も然りで、そうした事実に気づいたとき、人は「孤独は避けることのできないものである」ということを知ります。結局、「自分は個人である」という無知が取り払われない限り、苦しみは終わりませんし、この無知こそが人間の根源的苦しみの原因なのです。

しかし、多くの人がこの根源的な苦しみを、外の何かによって埋めることができると信じています。恐れや孤独を感じないように、自分の欲求にのめり込んでみたり、恋愛に依存してみたり、快楽にのめり込んでみたり、非常に忙しく過ごすことでそれを忘れようとしたり……。けれども、根源的な恐れは常に奥底にあり、一時的に忘れることができたとしても完全に避けることはできません。成人する頃には、人は世界のあらゆることを概念化することに慣れきってしまうので、自分が無知であるなどとは考えもしません。むしろ学力が高ければ高いほど、「自分は何でも知っている」という思い込みのもとに、「学習された無知」を強固にしていくことさえあるでしょう。そのように、マインド（思考）は、すぐに自分自身やあらゆるものを概念化し、それが真の知識だと信じ込んでしまう盲目さを持っているのです。

だからこそ、悟りというものに対しても「悟りとはこういうものだ」「これは悟りではない」というような概念を積み重ねたがりますし、自分の思考や身体を、本当の自分自身だと必死に主張していきます。この宇宙世界において、唯一、正しい知識は「エゴ（個人という存在）は、どこにも存在しておらず、ただ、真我だけがある」という理解です。このことが知られれば、その他の全てのことは自動的に知られます。もし、この真の理解が起こったならば、その先、質問が起こることはありません。なぜなら、真実はあまりに明確かつシンプルであり、もはや疑問の余地などないからです。

◆罪悪感と無知の密接な関係性

無知は罪悪感と密接な関係を持っています。例えば、他者に怒りを表現したとして、その行動によって相手が傷つく素振りを見せた場合、罪悪感を感じるケースは多いでしょう。そして自分を責めたり、自分の行動を後悔したり、恥じたりもするでしょう。その結果、自分のありのままの感情の表現をやめたり、抑え込んだりしようとしますが、その根源にあるのは「自分は無条件の愛である神と分離した、完全な愛ではない存在」という罪の意識です。

私たちが個人というゲームを始めるには、自分と自分以外という二元性が必要でした。地球の全てのものはこの二元性を軸に成り立っています。光があれば闇があり、愛があれば恐れがあり、善があれば悪がある……。個人としての「私」がそれら全ての概念を認識して、個人の人生というゲームが成り立っています。それは非常に面白いゲームですが、それによって、自分は愛と分離しているという観念から逃れることはできなくなりました。愛を求めると必ず恐れがくっついてきて、光を求めると必ず闇がくっついてきて、幸福を求めると必ず不幸がくっついてくるというその二元性の中で、振り子のように行ったり来たりする羽目になったのです。

そうすると、一〇〇パーセント良い人になることは不可能であり、一〇〇パーセント光になることも、一〇〇パーセント愛であることも不可能です。しかし、社会の倫理観や道徳観念は、光や愛をよしとして、闇や恐れはよしとしません。だからこそ、私たちはエゴとしての自分の宿命である二元性、「光」と「闇」の「闇」のほうを拒絶するようになってしまっているのです。その結果、必然的に罪悪感という感覚を覚えることになります。

罪悪感は自分のありのままを否定するときに起こる感情です。

「自分はあんな行動をすべきではなかった」

「自分は人を傷つけるべきではなかった」

そんなふうにありのままの起こった出来事や行動に対して、それをジャッジするときに起こる感情です。しかし、よくよく見ていくと、罪という概念もまた人間が作り出したものであり、罪を犯すという観念は、本来、その行為そのものを指しているのではなく、そこに罪悪感がくっついたときに生まれるものです。ですから、戦時中の軍人や収容所に入れられていた捕虜の人たちなどは、仲間が苦しみ亡くなる中で、自分だけが生き残ったこと自体に罪悪感を感じるケースも多かったのです。差別のひどかった時代は、同性愛者であることに対しての罪悪感も今以上に強く、実際にそれは罪であると認識される国さえありました。人によってはゴキブリを殺すことに対して強い罪悪感を感じる場合もあるでしょう。これら全ては、自分は個人として存在していて、神の愛から分離した存在であると信じるところから始まります。

無知である限り、その肉体を通して起こる行動の全ては「私の行動」となりますので、その結果、「私の行動によって受け取る結果」が生じ、常に個人に対する責任がかかってきます。そして個人は二元性を持つ存在という宿命を抱えていますので、私たちが無知である限り、罪悪感が必ずセットでついてくるのです。しかし、これらは完全なる幻想で、あなたが罪人だったことなど一度もありません。そもそも、罪を犯す個人は存在せず、愛の中で全ては行為者なしにただ起こっているのです。行為はありますが、行為者はいません。ある肉体精神機構を通して行為が起こり、その行為の結果も起こります。しかし、その結果を受け取る個人というものは幻想であり、全ては愛の中でただ起こっているのです。どんなに非道な犯罪映画が上映されたとしてもスクリーンには一切罪がないように、真のあなたに罪があったことはありません。しかし、自分は個人であるという幻想を信じ、真理に対して無知になった瞬間、罪悪感は必ず個人のあなたと共にあり続けるでしょう。

「在る」から観た依存症

依存症は、全体性への渇きである。

——クリスティーナ・グロフ
『The Thirst for Wholeness』

「在る」から観た依存症は、「在る」不足によって引き起こる苦しみです。「在る」とは、ただ静かにあるがままにあることであり、エゴが生み出す思考によって苦しむことのない平安そのもののことを指します。「ただ、在る」という行為は、自分に対する最も慈悲深い行為であり、その時間が多ければ多いほど、私たちは神との関係を思い出し、安心感に包まれるようになります。しかし、そうした自分への慈悲の向け方など、学校ではもちろんのこと、社会に出ても教えてもらえるわけではありません。むしろ「ただ、在る」から離れて、勝者になること、社会にとってまっとうな人間になることを奨励するような教育ばかりです。その結果、ありのままでいられる時間はどんどん削られていき、何かしらに依存していないと生きていけないと感じている人が大半であるというのが地球の現状です。何一つ依存対象を持っていない人は本当に少数です。全体の一パーセントにも満たないのではないでしょうか。

依存症というと、アルコールだったりタバコだったりギャンブルだったり、そうしたものを思い浮かべる人も多いでしょうが、実際はもっとたくさんの依存対象があります。食べ物、買い物、テレビ、スマートフォン、SNS、ゲーム、仕事、病気、恋愛、セックス、活字、整形、スピリチュアルな探究……。物事に限らず人間関係における依存もあります。家族、恋人、伴侶、兄弟、さらにペットまで……、その対象は人それぞれです。

そして最も強固な依存……、それは自分のアイデンティティ（エゴ）への依存です。つまり、自分自身の思考や、個人としての自分を構成しているあらゆるものに対する依存です。アイデンティティへの依存は無自覚であることが多いですが、多くの人が自分のエゴに依存し、同時に苦しめられています。依存とは、求める気持ちと同時に、そこに否定的な感情があるものを指します。アルコールを心底、健全な気持ちだけで飲み続けている人はいません。ほとんどの場合、身体に悪い、精神に悪いと知りつつも、求めてしまうのです。その根底には「満たされない何か」があり、それが埋まらない限り、依存症は終わりません。

多くの人が自分の行動をコントロールすることで依存症を改善できると考えていますが、それは大きな誤解です。依存症は自分自身のアイデンティティそのものと根深く一体化しており、もし一つの依存症から回復することができたとしても、他の依存症にシフトすることもしばしばです。

なぜかといえば、依存症は神（無条件の愛）に対する渇望であり、その問題が癒えない限り、根本的に解決されることはないからです。つまり、依存症とは愛に対する潜在的な渇望のサインなのです。その対象はさまざまですが、自分のエゴをどう扱っていいかわからず、しかし、それに耐えられず逃げたいときに、一時的な解放として頼るものだという点においては共通しています。愛に満たされず、依存対象で一時的にごまかして、しかしそれでは根本的な部分においては満足できず、満たされない状態が続き、さらに求めて……、気がつけば依存症になっている、というわけです。依存症はその根源となっているエゴが消えない限り、何度も繰り返されます。逆にいえば、そのエゴが消えて再び神とのつながりを取り戻したなら、依存は自然に消えるのです。

「私はアルコールがなければ現状を乗り切ることができない」と信じている人の場合を例に挙げると、通常、そうした状況においては、その信念に対して、それが真実かどうか疑いを持つことはほとんどありません。「自分はアルコールがなくても現状を打破していくことができる」という思いを信じることができないのです。その結果、原因を究明することをせずに、とりあえずアルコールを求め続けてしまいます。

では、なぜアルコールがなければ現状を乗り切ることができないと感じるのかといえば、そこにはいろいろな理由が隠されています。今の自分自身や自分の状況に対してあるがままを受容できなかったり、支えがないと感じていたり、自分を責める気持ちがあったり……。もっと具体的な例をいえば、「自分がやっている仕事にやりがいを感じられず、心の本音としては自分の現状に納得がいっていない。しかし、家族を養っていかないといけないので、働くことをやめることはできない。そんな自分が苦しいし悲しい」、こうした心の本音から、アルコールを摂取し続けてしまいます。その結果、一時的に苦しみから解放されて眠りにつくことはできても、アルコールをやめることが一向にできない、ということが起こっていきます。

こうした心の本音の奥にあるのは、あるがままの自分自身や状況に対する否定です。その中には、経済的(精神的)な支えがないことへの悲しみや、現状を変える術《すべ》がわからない自分を責める気持ちなども含まれているかもしれません。そうした心の痛みが、その人をアルコール依存に追い詰めており、実はそんな悲しみに対する慈悲の心こそが、最も有効な依存症対策であるということに気づかないままアルコールを摂取し続けています。

自分に慈悲を向けるというのは、アルコール依存だったり、現在の仕事に納得していなかったりする自分、しかしどう道を切り拓《ひら》いていけばいいのか一切わからない自分を、いったんあるがままに受け入れるということであり、そのうえで自分の苦しみに理解を示し、そこに対して、自分への思いやりを呼び込むということです。その行為によって涙が出てきたとしても、それもあるがままに赦し愛し自分を抱きしめること、そしてただ在り続けている神の愛とのつながりを再び築いていくこと、この愛こそが本当の自分だと思い出すこと。こうした行いによって、その人は愛の導きを受けるようになり、アルコール依存から解放されるだけではなく、現状のあるがままの自分を否定する自分の中のいじめっ子思考(エゴ)からも解放されることとなります。

◆依存症に対して自分は無力であると気づくこと

十九年間にわたって薬物やアルコールに重度に依存していたウェイン・リカーマンという男性は、個人の無力さを徹底的に自覚することで見出された安らぎによって依存症を克服しました。彼は12ステップというアルコール依存症への自助ワークを通して、非二元・悟りの教えへと導かれ、そして『無力の道』という名の、悟りと12ステップが融合した本を出版しました。

彼が一貫して説くのは、「自分（エゴ）の無力さに気づき、神に明け渡すことで起こるエゴからの解放」です。依存症は自分の意志の力・努力で克服できると多くの人が考える背景には、「自分の人生は自分でコントロールできるはず」という考えが根強く関わっています。しかし、それは言い換えるならば、「自分のエゴは自分の意志の力・努力で克服できる」、つまり、「エゴは自分の努力でコントロールできる」「エゴに勝利できる」と言っているようなものであり、ここに大きな罠《わな》が隠れています。というのも、エゴをコントロールしようとしたり、エゴに勝利しようとしたりする計画は、それそのものがエゴの策略であり、つまり、エゴがエゴをコントロールしようとしたり、エゴがエゴに勝とうとしたりと、一人芝居が始まってしまうからなのです。だからこそ、依存症をコントロールしようとしたり、それに打ち勝とうとしたりするならば、その多くが失敗に終わります。

依存症から解放されるために大切なのは、エゴでない意識が介入するスペースをつくることであり、それはつまり、個人としての自分は無力であると認めるところから始まっていきます。エゴが一人芝居している間というのは、神の愛が入る隙がありませんが、エゴに対して自分は無力であると降参することでそこにスペースが生まれ、「受け入れ難いあるがままの現実を受容する」という愛そのものの行為が入り込むことができ、そこで初めて、本当の平安を知ることとなるのです。そして、この平安こそが、私たちを根底から満たし、感謝の心を思い起こさせ、依存症から解放するのです。

◆無力は恐怖という幻想

ただ、多くの人にとって「自分が無力である」と認めることは恐怖だと思います。無力とは「無い力」と書く通り、自分に力がない状態を示しており、それは「自分には幸福になる力がない。自分には人生を切り拓く力がない」と信じることと直結しているように思えます。ですから、多くの人が自分の無力さを自覚せずに済むように、人生を必死でコントロールしようとします。「コントロールできる」と信じていないと、安心できないのです。その不安は重荷となり、人生が思い通りになれば喜び、人生が思い通りにならなければ怒り悲しむ、というようにジェットコースターで上がったり下がったりするような状態になります。もっと自分の思い通りの人生を生きるためには、力と能力と権力を得て……、と必死になっていくのです。

そこには、「神がもたらす宇宙の流れ」に対する不信があり、自分自身への不信、人生への不信があります。言い換えるならば、無知から生まれる不信であり、その結果、自分で人生をコントロールできるという勘違いのもとに必死の努力が起こっていくのです。

現実がコントロールできるかどうかは自然を見ると一目瞭然です。天気をコントロールしたり、地震をコントロールしたり、火山の噴火をコントロールしたりすることができないように、私たちの人生も本来、全てはただ起こるべくして起こっています。「自分は人生を切り拓ける」と思うとき、その土台となっている健康も、あなたがコントロールできるものではありません。しっかり栄養のある食事を取っていた人がある日突然、難病にかかり動けなくなることもあるのです。これは明らかにコントロールできていない現実です。あなたが健康であることも、重い病気であることも、本来全てはコントロールできないものです。つまるところ、自身の人生のコントロールを行うのはあなた自身ではなく、神なのです。自分の意志で切り拓く人生というのもまた、神の采配の中でただ起こっていて、当の本人は自分がコントロールしていると思い込んでいるだけだということです。そうした真実を理解し始めると、視点がどんどん神の視点へと移行していきます。それは、「全ては行為者なしに起こっていく」という視点です。タバコの依存もただ起こり、アルコールの依存もただ起こっている。そうすると、自力で依存症をどうにかする必要はなく、依存が始まったのは宇宙の流れなのだから、宇宙の流れに沿ってそれを解消してもらうという気楽さのもと、自身の依存と向き合うことが可能となります。

ある時、私はドライヤーで髪を乾かしていました。その頃は仕事量が多く、来る日も来る日も仕事をしていた時期でした。折りたたみのドライヤーを使っていたので、髪が乾いたあと折りたたんで元の場所に戻そうとしたところ、ドライヤーを折り曲げる部分に指を挟んでしまいました。激痛が走り、血がにじみます。どうやら指の腹を巻き込み、皮がむけてしまったようです。指の腹を怪我したことは人生で初めてでした。ドライヤーを折り曲げる部分に指を挟んだのも初めてです。この現実にエゴは言います。

「君が注意していないからだよ。しっかりしないと。しっかりしていたら怪我を予防できたのに！」

しかし、私はそんなエゴの声を聞くのではなく、ただ起こったことをあるがままに受容しました。その現実に対して、自分が無力であることを自覚していたからです。そして絆創膏をつけてパソコンの前に座った時、ふと気がつきました。キーボードが打てないのです。絆創膏の影響で、誤って横のキーボードまで一緒に打ってしまいます。そこで聖霊のメッセージを受け取りました。

「まあ、いい加減ちょっと休みなさいよ」

私は休むことにしました。仕事がさらにたまって困ったかといえば、そんなことは一切起こらず、よい休息のきっかけとなり、次の日の活力となりました。

人生は時に不快なことをもたらします。その都度、人々は思います。

「こんなことは起こるべきではない。自分のせいでこんなことになっている。もっと現実をコントロールしなければ。そのためにはもっと努力が必要である」

この思いこそが依存症の種となる思考です。神の視点から観るならばそれは全くの見当違いで、全てが完全に起こるべくして、ただ起こっています。自分がどれだけコントロールしようと努めても、無理なものは無理なのです。それを受け入れて、人生の流れに沿いながら、人生の流れそのものに感謝して生きるのか、抵抗し続けて、その苦しみを紛らわすために何かに依存しながら生きるのか、どちらかを私たちは選ぶことができます。そして、その選択もまた、ただ起こるべくして起こっています。

ですから、好きなように生きて、そのうえで人生の流れを信頼してください。あなたがコントロールしなくても、人生はあなたを導いていくことを知ってください。もし、無力であることを受け入れられない部分がどうしてもあるならば、それは、その現実を受け入れられないということですので、《「在る」から観た完璧さ》の節でご紹介した聖霊への問いかけをやってみてください（177ページからの「どうしてそれが受け入れられないの?」の問いかけ）。その流れの中では自分は無力であり、しかし、神の道具として完璧に機能していることを知ってください。そこに人知を超えた奇跡が待っています。
個人の私というエゴが無力であることが自覚されても、人生は平和だったり、混乱したり、いろいろなことが相変わらず行為者なしに起こり続け、流れが起こっていきます。しかし、その全ては起こるべくして起こっている流れだという理解があるので、そこには常に平安が根づいています。どんな絶望の体験があっても、それは平安の中で赦され、受容され、くつろいでいるのです。

「在る」から観た喜怒哀楽

喜怒哀楽といった感情は一時的なものであり、愛は永遠のものです。

——リリ

「在る」から観た喜怒哀楽は、「在る」の中で絶えず流れていく感情エネルギーの動きであり、それは人生の流れと同じようにやってきては過ぎ去っていくものです。生まれてから死ぬまで一秒も途切れることなく怒り続けている人や喜び続けている人がいないように、感情は一時的なものです。その全てが「在る」という静止した沈黙の中で赦されていて、全ての感情が神の愛（在る）の中に包含されています。

多くの人が抱いている誤解として、「愛は感情だ」という認識があります。しかし、愛は本来、喜怒哀楽のような感情とは違うものです。急にやってきてはやがて過ぎ去るような、そういうものではないのです。そうした愛は、愛というよりも愛情であり、真の愛というのは流動するようなものではなく、常にあって、無条件に全てを受容している慈しみそのものです。多くの人が愛を誤解していますが、愛はそのように、状況や環境で変化するものではなく、常に不変のものとして在り続けています。その視点から観た感情というのは本来、良いも悪いもありません。悲しみという感情があるからこそ、喜びの感情を感じることができるように、どの感情もそれぞれの感情を認識するためのコントラストになっていて、必要なものです。だからこそ、私たちは自身の内面に起こる感情に明晰に気づいたうえで、ありのままにそれを表現するのか、それともその感情を内部で感じるままにして、やがて過ぎ去るままにするのか、選ぶことができます。

しかし、感情そのものと一体化している間は、常に感情との距離がゼロなので、自分の一時的な感情を常に表現することが起こっていきます。その結果、言葉も行動も、自分の本当に言いたいことややりたいことではない乱暴な表現となったり、誤解を招くような表現になったりすることが、頻繁に起こっていきます。それは突発的な反応による感情的表現の結果であり、そうすると、どんどん感情に翻弄された現実が構成されていきます。その多くは、あまり愉快なものではありません。

もし、そうした現実を避けたいのであれば、自身の感情への向き合い方を変えていけばいいのです。「自分自身の感情」として見る視点から、「神の視点から観た感情」というほうへ、視点を移していく練習をしていくとよいでしょう。

例えば、誰かの発言に対して、怒りという感情が内部に起こったとします。その時、もし怒りの感情を自分自身のものとして、怒りと一体化するのであれば、それは瞬間的に外側に表現されます。感情の流れに気づく間もないまま、「自分自身＝その時の一時的感情」というような形で表現が起こるのです。

しかし、神の視点から怒りの感情を観るならば、それはやってきてはやがて過ぎ去るものだと認識されます。そのうえで、その感情をどうするのか、あるがままの自然な表現が起こっていきます。あえて怒りを表現しようと思えば、その表現が起こりますし、今回は内部に留めておこうと思えば、内部に留めるというように、選択肢が生まれるのです。その軸には愛があり、自分自身の感情ではなく、ただ起こっている流れの一部として認識されます。その時、気づかれるのは「私の怒り」ではなく「怒りというエネルギーが内部で流れてきている」という認識です。その選択の軸にあるのは、他者の評価を気にするといった恐れではなく、その感情が愛によって赦されていて、ただ起こるべくして起こっていくという流れへの信頼です。ですから、もし怒りを表現して、相手が傷ついたとしても、罪悪感を感じることはありません。それは自分の怒りではなく、ただ流れの一部として起こったものだという明晰さがあるからです。

真の愛を軸に起きる行動にはそのように「自分の～」という感覚がありません。しかし、相手を苦しめたい、傷つけたいなどと個人のエゴが感じて怒るならば、サイコパスでない限り罪悪感が自動で湧き起こり、後々になって自分を苦しめることとなるでしょう。

◆「怒り・悲しみ」は間違っていて、「喜び・楽しみ」は正しいという誤解

現代社会、特に日本社会においては、同調圧力というようなものが存在しているように思います。皆が明るくしている場で悲しくしていることは、「ムードを壊す」とか「和を乱す」などと考えられたり、他者に対して怒りを表現することは、調和を乱す、器の小さな行為であるとされたりすることもしばしばです。

もし相手が親友であれば、自分の負の感情をありのままに表現しても、とがめられることなく受け入れられるでしょう。しかし、多くの場合、その次に起こるアクションは以下のような形だと思います。

「もっと元気だしなよ。ほら、カラオケでも行こう。」
「美味しいものご馳走してあげるから元気出して！」
負の感情を明るい感情に転換させて、ごまかそうとするのです。その結果、多くの人は自分の怒りや悲しみ、嫉妬、孤独といった、いわゆるネガティブな感情への正しい対処法、向き合い方を知らずに生きていくようになります。負の感情は存在するべきではなく、できるだけ早く、無理矢理にでも違う感情に変えるか、なくすべきものだと信じられているのです。そのため、どうすれば負の感情をいち早くなくすことができるかを考え始めます。「自分には、その闇をあるがままに愛し、闇を愛に錬金させることのできる叡智と強さがある」ということを知らずに時が経っていくのです。

しかし、ここでまた盲点となっているのが、地球は二元性の星であるという点です。つまり、昼があれば夜があって、光があれば闇があるように、喜びがあれば悲しみがあって、楽しみがあれば苦しみがあるという、そのごく自然な法則に逆らうことはできないということです。その真実を無視して、光の側に偏って〈良い人・明るい人〉になろうと頑張ってしまうことが、多くの日常、そして時にはスピリチュアルな教えの中でさえも起こっています。スピリチュアルティーチャーが、闇だけを批判し、二元的な光を持ち上げてしまうこともしばしばなのです。

ここで大切なのは、ネガティブな感情を批判したり否定したりしているのは人間のエゴであり、愛ではないという理解・確信です。愛は全てを受容し、愛しています。ですから、あなたが他者にひどいことをされて、それがどうしても赦せなくて前向きになれないときは、ずっと怒ったままにしていてよいのです。それが苦しくて悲しくてしょうがなければ、そんな自分を責めるのではなく、自分に慈悲を向けてあげればいいのです。自分に思いやりを向けながら、怒りが起こるままに怒り続けてよいのです。しかし、「それでは社会に認められない」「私は怒りっぽい人だと誤解される」などと外の世界に意識を集中させるため、多くの人が自分の感情に蓋をして、ごまかそうとし始めます。このごまかしはある程度はうまくいくかもしれませんが、蓋をされたままの自分の闇の感情（インナーチャイルド）は、内部で助けを求めて泣き叫び続けます。この世界は愛の学び場ですので、闇の感情を閉じ込めたままにしておくと、結局、ある日何かをきっかけにしてその蓋が開き、インナーチャイルドがあなたを乗っ取り、コントロール不可能な負の感情に飲み込まれることになります。そして、そんな自分への非難が始まります。「私は怒るべきではない！　どうして怒ってしまったんだ！　人になんて思われるかわからないのに。嫌われたらどうしよう？　怖い。自分はなんてバカなんだ。自分をコントロールできないなんて」と。傷を隠して元気なふりをして、限界が来たら爆発して、そんな自分をまた責める……。こんなに疲れる生き方はありません。

ではなぜ、こうしたことが起こってしまうのかといえば、その人自身が自分のありのままの感情の一部を受け入れていないからです。自分のありのままの光と闇が受け入れられない限り、「自分の本心や傷を隠さないと自分は愛されない」という思いや、「あるがままの自分では愛されない」という悲しみや恐れの感覚などから、逃れることができません。表面的には良い人でいられるので、社会ではなんとなくうまくやっていけますが、内面はいつも疲弊し恐れでいっぱいです。そしてその疲労と恐れの思考がやがては信念となり、それが磁力となって苦しい現実を引き寄せたり、仮面をつけた状態でしか仲良くなれない人間関係を増やしたりしていくのです。そうした状況に陥っている場合、まず大きな誤解を解く必要があります。

真の光に至るには二元的な光に偏って闇を否定するのではなく、「光も闇も丸ごと受容して、その全ての要素に慈愛を向けることが必要だ」ということに気づく必要があります。その結果、光と闇が統合され愛に錬金されていき、ありのままの自分は愛そのものであるという理解が起こっていきます。愛だけが、人間のエゴの持つ闇、「醜さ」や「狂気」をまるごと包み込み、愛に錬金することができます。このことを知っていてください。

そうして自分への愛の実践を繰り返していくと、徐々に「内部に起こる闇の感情＝自分自身」という視点から、「内部に起こる闇の感情＝自分の一部であり、愛もまた自分自身」という視点への変化が起こってきます。つまり、闇の感情と一体化していた自分の意識の中に、愛も共存するようになっていくのです。闇の感情と愛、その二つが同時に起こっていくことが、しだいに気づかれていきます。そしてやがては愛の視点のほうに自分の集中が完全固定され、「内部に起こる闇の感情＝自然に起こる流れの一部」「真の自分＝愛そのもの」という意識へとシフトしていきます。この愛そのものというのが神であり、意識が神の視点から離れなくなります。そうすると、どんな感情が起こってもあるがままでよくて、その全てが愛の中でただ流れとして起こっているという安心のもと、あなたは平安を体現するようになるでしょう。

「在る」から観た病と癒やし

癒しは、究極的には「神」からやって来るものです。

――『奇跡のコース　第一巻』（第1章・Ⅶ・5：9）

「在る」の視点から観た病とは、恐れの一つの表現であり、「私は神の子であり、神の家に安住している」という思いを阻害させる壁のような役割を担っています。ラマナ・マハルシは、「身体そのものがひとつの大きな病気なのである。この病気に打ち勝つためにわれわれがすべきことは、ただ静かに在ることだけである」（出典3）と言い、自身が病を患ったときも、起こるがままにさせればよいとさえ言いました（参考2）。つまり、病にかかっていない人でさえ、エゴがある限り、それ自体が病なのだということです。ただ、痛み・苦しみを伴う病や生死に関わる病は、時に神を真剣に思い自己を明け渡す触媒ともなるものです。多くの人が、日常の中ではエゴを主体として生きていますが、自分の命や大切な人の命が危機に晒《さら》されたときというのは、一瞬でも真剣に神に祈るものです。

「ああ、もうだめだ！　神様！　助けてください！」

その瞬間、自分の運命が神に完全に委ねられます。自分自身だと思い込んでいた自我の脆《ぜい》弱《じゃく》さに気がつきます。それまでは自分にはパワーがあると思って、必死になってコントロールしようとしていた人生が完全に神に明け渡されます。

これは一種の敗北です。しかし、エゴが敗北したときこそ、恩寵が働きます。そこで初めて神の介入が起こり、大いなる存在に触れ、人生がまるで変わってしまうのです。もし、それが病のときや危機的状況以外のときにも常に起こっていくならば、聖霊はあなたの人生に深く関与し、導いてくれるようになるでしょう。しかし、多くの人がそうしたことを教えられることなく大人になっているので、自分のエゴに人生の主導権を握らせてしまうのです。その結果、病になったときに初めて、神と真剣に向き合い始めることも多いのです。

神の化身（アヴァター）と呼ばれたインドの聖者ニーム・カロリ・ババは、病についてこのように語りました。

「おまえは苦しみから知恵を授かる。火葬場にいても、病院にいても、病気のときは、神と二人きりだ。苦しんでいるとき、おまえは神に祈る」（出典18）

この言葉の通り、病にかかったとき、人々は自分の病と向き合う孤独な旅路を歩み始めます。その病を背負うことができるのは自分自身のみであり、他者に寄り添ってもらうことはできても、病気を肩代わりしてもらうことはできません。そんな中、病は自分の努力ではコントロールできないと悟り、神との関係を深める以外、方法がなくなっていくのです。

「神様、助けてください。もう私にできることはありません。私を健康にしてください」

この思いは、自分が苦しい状況にあればあるほど、非常に切実なものとなります。すると、神はあなたが病にかかった原因へと導きます。病のもとになっている内部の恐れを直視する必要性を教え、それが実は幻想であると看破する方向へと導いていくのです。

病の原因の多くは、自分の中にある「愛」と調和していない部分が関係しており、恐れ・不安・怒り・罪悪感などが関わっています。そしてそれは現世で初めて生成されるのではなく、〈過去世からの宿題〉としてやってくることも多く、ある程度、生まれる前に決定しています。三十代で難病になるのも、生まれつき先天的な病があるのも、全ては愛の学びのために計画されているのです。誤解のないようにお伝えしておくと、過去世で何か悪いことをしたり罪を犯したりしたので今世で病気になるということではありません。病気はそもそも悪いものではなく、そう決めているのは人間の思考のみであって、全ては愛に帰還するためにただ起こっています。自分がその病によってどんな愛を学んでいるのか、そうした視点から病に目を向けてみると、興味深い発見があるはずです。

ある人は、健康だった間は自分のエゴこそが力を持っていてエゴの努力によって人生を切り拓けると信じていたのが、病を通して自分のエゴの脆弱さに気づくかもしれません。またある人は、自分の病を通して、自分がいかにこれまで本音を隠して生きていたか、それがどれだけストレスをためることになっていたのかに気づくかもしれません。良い人を演じて「ノー」を言えずに生きていた場合、やがて身体がノーと言い始めます。ほかにも、怒りをため込みすぎてその怒りがこれまでは外に投影されていたけれど、本当は自分自身に対しての怒りであったと気づく人もいるかもしれません。自分を罰すれば奥底で感じている罪悪感が少しでも赦されると信じて病を発症させている、そんな自分の心に気づく人もいるかもしれません。

そのように、人それぞれ病の奥にあるものはさまざまですが、病を通して自分の奥底にあったエゴが持つ闇の根源、その根源の狂気がいつも自分を不安にさせたり怒らせたり苦しめたりしていたことに気づきます。そんな自分の内部に秘められた狂気への対処法を知らないがゆえに、私たちはエゴと闘おうとしたり、エゴを撲滅しようとしたりします。しかし、エゴの狂気には、闘うことで打ち勝つことは決してできませんし、何か外部の攻撃で撲滅することもできません。というのも、そうした行為自体がエゴの勝ち負けのフィールドのものであるため、結果、エゴが勝つしかないのです。もし、一時的にエゴに勝てたように思えても、内部の狂気が癒やされない限り、それはもっと勢力を増してくるか、もしくは再び侵略してきます。

そんなエゴに対しての唯一の対処法は、愛で超越することです。勝ち負けのフィールドに立つのではなく、内部の狂気によって不安になっていたり、怒っていたり、苦しんでいたりするその部分に、愛を注ぐのです。**エゴは非常に巧妙ですが、最終的には愛はいつでもエゴを上回ります**。全ての根源である愛がエゴに飲み込まれることはあり得ないのです。それは映画館で上映されている映画の内容が、スクリーンに影響を及ぼすことがないのと同じです。スクリーンは常に不動で変わることなくあり続けているように、愛も上映されている映画の内容に一切飲み込まれることなく、常に不動で変わることなく、全きものとして在り続けています。だからこそ、最終的には病は「問題・避けるべきもの・闘うべきもの」なのではなく、受容して理解し愛するものなのだということに気づきます。その結果、病が完治することもあれば、病と共存する道が起こることもあります。時には、それでも病が命を奪っていくこともありますが、病によって目覚めへと導かれた場合、死が目覚めを定着させる触媒になった魂も存在しています。究極的にいえば、魂は死にませんので、病を通して肉体を離れ、ただ真我に還っていったというほうが、表現的には正しいのです。

◆なぜ聖者は時に病人を癒やし、時に放置するのか？

あらゆる聖者に共通するエピソードとして、ある人の病気は完治させ、ある人の病気は半分だけ治し、ある人の病気は全く治さない、というものがあります。悟りの探究をしていた当時の私は、なぜ愛の存在である聖者がそんなことをするのか、非常に不思議でしたが、今ならその理由がよくわかります。というのも、それら全ては聖者の個人的な意思というよりも、神の采配でただ起こっているのであり、聖者はその采配に、神の道具としてただ従うだけなのです。つまり、本当の癒やしを行うのは、個人の人間的な力ではなく、神の力のみであるということなのです。ですから、治るべき人は治るし、治るべきではない人は治らない。それがただ起こっていくことであるならば、何も間違いはなく、そこに善悪などの概念をくっつけることもないのです。

これは、私自身が人々の肉体的なヒーリングを行うときに、痛感したことでもあります。以前は自分がヒーラーだという自覚は一切ないまま生きていましたが、ある時、知人の背中の粉《ふん》瘤《りゅう》に手を当て続けていたところ、粉瘤の膿《うみ》が噴き出ていくということが起こりました。そこから修練を重ね、人の肉体的痛みの箇所に手を当てることを始めたのですが、手を当てるときに

「この人が癒やされてほしい」と思いながらやると、すごくプレッシャーでエゴが入るのです。

「うまくいかなかったらどうしよう」

「全ての人を治すことのできる人間になるべきだ」

そんなふうにエゴが囁いてきます。しかし、ただ無心で手を当てていると、全ては起こるべくして起こっていくという理解のもと、安心しながらヒーリングを行うことができます。そうしていくうちに肩こりが消えてしまったり、鼻詰まりが一瞬で改善されてしまったり、そうしたことが起こる人が増えていきました。そこで気づいたのは、私が誰かを癒やしているのではなくて、私という肉体は神の道具でしかなく、あるがままに起こるがままにすることしかできないということでした。

そんな気づきの中で、ある時知人がこんな話をしてくれました。非常に体調が改善される話題の整骨院があり、そこの先生にある時「どうして先生の施術はこんなに効果があるのでしょう？」と聞いたのだそうです。その答えは意外なものでした。「治そうとしてやってない。ただ無心で起こるがままにさせている。しかし、それが一番効果がある」と。この先生も無意識に、自分が癒やしているのではなく、全ては神の采配によって癒やしが起こっていくということを理解していたのかもしれません。

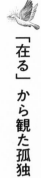

「在る」から観た孤独

わたしは世の終わりまで、いつもあなたがたと共にいる。

――イエス・キリスト
『マタイによる福音書』

「在る」から観た孤独は、自分は個人として分離しているという幻想のエゴの世界でのみ起こり得る幻の感覚であり、エゴが基盤となっている感覚です。エゴの根源は「自分は神から分離した個人的存在である」という思いから成り立っており、そこから「意識を持つ」という感覚が始まり、全ての二元性がスタートし、幻想の人生ゲームが可能となりました。意識を持つには、意識する対象物が必要です。つまり、「意識を持つ側」と「意識に認識される側」が必要だというわけです。これがエゴの分離の始まりであり、アダムとイブでいう「知恵の実」を食べた原罪ということになります。自分は個人として存在しているという自己感覚こそが原罪の根源であり、罪悪感というのは、「自分は神と分離してしまった」という思いが根源にある、非常に根深いものです。

もし分離がなければ、知覚される何かはなく、その必要性もありません。あるのは神のみだからです。そこには意識も知覚も認識も肉体も必要なく、ただ「在る」だけがあります。しかし、エゴは分離という幻想ゲームを始めました。そこで必要となるのは「神以外のもの」です。神以外のものは神を意識する別の何かであり、それが個人というエゴの感覚でした。そして「神以外のもの」は「無条件の愛以外のもの」であり、そのために生まれたのが愛と対極となる要素「恐れ」でした。ですから、エゴの宿命として、そこには「恐れ」と「罪悪感」があるのです。そして、この「恐れ」と「罪悪感」は、「苦しみ」という感覚を生み出し、あらゆる狂気が生まれていきました。この個人が分裂を続け、今地球だけでも約八十億の人口、生命体でいうと無限の数が存在しています。その結果、個人は分離の感覚とセットで「孤独」を生み出すことになります。自分は個人として外の世界とは分離した存在であり、愛そのものではなく、それゆえに罪がある存在であり、そこから逃れることのできない孤独な存在である、ということです。

神の視点から観れば、これら全ては夢の中で起こっていることであり、幻想なのですが、エゴはそれが真実であると信じ、悪夢を見続けているのです。この悪夢から目を覚まさせようと手伝ってくれるのが聖霊であり、聖霊とのつながりを深めていけばいくほど、外の世界で孤独を埋めようという不毛な取り組みから解放され、根本から孤独感が癒やされていきます。というのも、本当の自分は神そのものであり、孤独などになりようがないという真実に明晰に目覚めていくからです。その目覚めは愛の感覚を伴っていますので、決して知的な理解のみで終わることはありません。

◆孤独との向き合い方

孤独という感覚は、時に強烈で、いろいろな形で人を狂わせます。依存に走らせたり、不健全な関係性から抜け出せなくさせたり、自己破壊行動をとらせたり、病を引き寄せたり……、その形はさまざまですが、その全ては「自分は分離した存在である」と信じることから始まります。

では、その信念を持つことをやめれば孤独は終わるのか、といえば、そう簡単な話でもありません。というのも、人はまず赤ん坊として誕生し、そこから「自我の芽生え」を当たり前に体験するように、「私は他のものとは分離した個人だ」という思いは非常にリアルな感覚を伴うからです。だからこそ、「私は分離した存在」という信念は、最も強力な信念の一つだといえます。

そのため、孤独から根本的に解放されるには、エゴ（自我）が保持している「個人としての自分」は幻想であると気づき、その幻想から目覚めていく必要があります。ただそうはいっても、孤独は強烈なリアリティや苦しみを伴う感覚なのでどうしようもない、まるで太刀打ちできない、と感じている方も多いように思います。

例えば、幼少期に親から適切な愛情を受け取れずに育った場合、孤独感は大人になっても強烈に付きまとうかもしれません。他にも、学生時代のいじめの体験などでトラウマが生まれ、それが深い孤独へとつながっていくこともあるかもしれません。人それぞれに孤独が生まれる経緯やその感じ方があるかと思いますが、そんな中で「孤独は信念の一つ」と言われたなら、腹が立ったり、机上の空論のように感じられたりすることもあるでしょう。

実際、エゴはそうした強烈な孤独感を伴う心の痛みにすぐに付け入り、あなたに対して「君は個人だ。その個人としての蜜を吸うんだよ」と誘惑してきます。「飲酒で孤独をまぎらわそうよ」「セックスで孤独を忘れよう」「ギャンブルなら孤独なんて忘れられるさ」と、そんなふうに。

エゴは孤独に対して、外側の何かで埋める向き合い方しか知りません。あなたが誘惑に乗るや否やエゴは、快楽や優越感、自己のアイデンティティへの愛着などの形で、あなたと神との間に強固な壁を築いていきます。するとあなたは、ますます「私は個人としての存在だ」ということを信じて疑わなくなり、恐れや罪悪感が必ずセットとして付いてくる、この分離の世界に安住し始めます。地球は特に二元性の強い星ですので、あなたは地獄ともいえる狂気を秘めた分離のゲームで右往左往することとなります。その結果、神は自分の外側、むしろ遥か彼方《かなた》の幻の領域にいるように思い始めますし、現実に起こる全ての出来事が自分と神は別のものだという証拠のように思えてきます。そして、この全ては無意識の領域で起こっていることであり、だからこそ、無知が温存されていることに気づかず、目の前の自分が認識している現実こそが正気の世界だと勘違いしてしまうのです。

エゴから見た正気の世界は、神の愛から離れた個人の世界ですので、外の何かで絶えず愛を埋めていかなければなりません。しかし、外の何かもまた、神とは分離した何かですので、その渇望が心の底から癒やされることは決してないのです。一時的には癒やされたと勘違いすることもあるかもしれませんが、永遠性はありません。そんな狂気のゲームを私たちは「自分は分離した存在」という信念のもとに続けているのです。

この分離のゲームは多様性を生み出しますので、面白さもあります。欲望、希少性、個性、時間、変化、生と死……、こうしたものはドラマ性があり魅力的なものです。だからこそ、多くの人はエゴが偽物だと疑うことすらないまま、エゴのドラマを必死に生み出し続けて肉体の寿命を迎えます。しかし、そうしたドラマ性の裏側に隠されたエゴの声明はこうです。

「あなたは神とは関係のない存在であり、それゆえに愛とは別の存在であり、分離した個人であり、それゆえに恐れがあり、孤独であり、孤独は外の何かで絶えず埋め続けなければならず、罪人であり、あるがままでは愛に値しないし、永遠性のないいつか死ぬ存在」

エゴのドラマ性の裏側には、こんな地獄の声明が隠されているのです。一方、真実である神の家（天国）の内部は言語化できる領域にはないものですが、神の家の性質をあえて言葉で示すとすれば、次のように表すことができます。

「完璧で、形がなく、しかし全てで、永遠で、全き愛で、完全で豊かで、ありのままで罪のない全て」

そこには孤独が生まれる隙など一ミリもありません。どちらを信じていきたいのか、どちらのリアリティに集中していきたいのか、その意思は一人一人に自由に委ねられています。（そして、真実の視点から観れば、それすらも全ては、行為者なしにただ起こっていきます。）

人類が抱えているどうしようもない孤独に対しての神の視点、つまり「在る視点」での向き合い方は非常に優しいものです。エゴは「絶えず外の世界に孤独を埋めるものを探しなさい」と主張しますが、神は内側に目を向けさせます。そして、人間が生まれ持った「自分は神と分離した、根源的に孤独な存在」という苦しみに対して、ただ忍耐を持って愛を注ぎ、その感情をあるがままに赦すことを促します。

「寂しさ、孤独があって発狂しそう。満たされない。惨めになりたくない。今すぐに逃げたい。ごまかしたい」

そんな声に対してこう答えるのです。

「そうだね。寂しいね。孤独だね。そんなあなたもあるがままで愛している。満たされなくて辛いあなたも愛している。惨めだと感じるあなたも愛している。孤独に苦しんで、時折快楽に逃げてしまったり、誤魔化してしまったりするあなたのことも愛している。ありのままに愛している。全てはすでに無条件の愛の中にある。この愛の中に孤独を委ねてみてほしい。その時あなたは、孤独と共に安心できることを知るでしょう」

神の視点は孤独を否定しません。孤独もまた、地球の二元性を支えるエッセンスの一つです。だからこそ、孤独な時があってもいい、孤独じゃない時があってもいい、その全てが愛の中にある、ということを優しく教えてくれるのです。

そして、孤独を感じることを自分に対して赦し、あるがままに愛したとき、私たちは孤独から解放され、全てがすでに愛であったことに気づくのです。それは、聖なる内側への旅であり、「在る視点」が導く本当の充足です。

◆霊的な成長・進化が起こるときの孤独

個人としての分離感がある以上、そしてそちらがリアリティを持ってしまっている以上、夢から目覚めていくまでに、ある程度のプロセスを通っていくことになります。その道の途上において、一度は孤独にぶつかる時が来るでしょう。エゴの宿命として、「人は皆、根源的には孤独である」ということに気がつくからです。エゴの宿命を冷静に感じることができるようになっている状態です。そして、その感覚から逃げずに孤独を直視したとき、それを他者や外側の何かで埋めてごまかし続けるのではなく、自分で対処していく必要性にも気がつきます。つまり、寂しさや一人でいることに対する不安を完全に埋めることができるのは、自分自身(聖霊との関係を含め)だけだと気づくのです。その時、人は一人でいる時間の重要性に気がつきます。青虫が蝶になるために蛹《さなぎ》の中に独りきりでこもって変態を行うように、私たちも目覚めていくために、一人で内側を見つめて、自分のエゴを解体していく時間が必要なのです。そして、そのプロセスの中で聖霊とのつながりを取り戻し、ありのままの自分に愛を注ぎ始めます。

これは自分に集中していないと、できないことです。だからこそ、目覚めていけばいくほど、何よりも大切なのは自分自身との時間を持つことだとわかっていきます。目覚める前、エゴと仲良く手を取り合っていた頃は、安心感を得るために、寂しさをごまかすために、多くの時間を他者だったり気の紛れることだったりに費やす必要がありました。それ以外の方法がわからなかったからです。しかし、目覚めゆく中、あなたは違う視点を持つようになりました。一人の時間がなければ、この「孤独↓外部で一時的に埋める↓また孤独↓また外部で一時的に埋める」のループから抜け出すことはできないと、ふと気づくのです。そして一人でいる時間を増やすように、内側が衝動で訴えかけてきます。

「もうごまかす時間は終わりです。孤独を直視してください」

聖霊がそのように語りかけます。孤独から逃げたりごまかしたりする人生は終わりです。孤独を抱きしめ、その奥にある真実を見つける時が来たのです。

ここでやっぱり孤独から逃げたくなることもあるかもしれません。それもまたよしですが、しかしいつかは必ずぶつかる問題です。エゴの特性上、逃げられないのです。そして向き合ったときに出会う真実とは、神の視点、「愛が全てであり、一度も分離は起きていない。それゆえに孤独は幻想である」というオープンなシークレットです。

◆リリという人生ストーリーの中で起こった孤独への洞察

前項でお話しした内容は、まさに私、リリの人生ストーリーの中で起こったことでもあります。目覚めゆく前の私は、とにかくいつも孤独と不安でいっぱいで、そんな自分を守ってくれる〈白馬の王子様〉を探していました。そしてもし、そんな王子様と実際に出会えたなら、瞬時に孤独から解放され、シンデレラ物語のように幸福になれる、とそう信じていたのです。いわゆる特別でキラキラしたイベントの日などは特に、そんな自分の期待と、期待が叶わなかったらどうしようという不安の間に挟まれて、孤独を感じまいと必死になっていました。ですから、クリスマスや誕生日などといったイベントはとにかく予定で埋めていました。自分は他者から必要とされていて祝福されている存在だと思えないと惨めなので、惨めな自分にならないように必死に予定を作っていたように思います。だからなのか、二十三歳から二十四歳になる誕生日の前後に、つまり特別でキラキラしたイベントの周辺の日に、私は絶望の底へと誘われていきました。それまでの私は、恋人や友人に祝われて愛されていることを実感し、それによって孤独を埋め合わせるということを当たり前にしていましたので、そんな過去と現実の、光と闇のコントラストの大きさに驚いていました。通常の日々よりもより惨めに感じられ、孤独が押し寄せ、まるで底なしの沼に落ちていくような感覚でした。しかし、その時不思議なことに、内部の衝動として起こったのが「完全に一人になりたい！」という孤独への渇望でした。すでに孤独の沼に落ちていて、かつその孤独が怖くて惨めさを感じていたにもかかわらず、私はさらに一人になりたかったのです。だからこそ、第1章の《二度目の呼び声》の節でお話ししたように、誕生日は完全に一人っきりでいられるような環境を準備したのでした。その時は苦しすぎてそうしたのだと感じていましたし、実際そうした要因もゼロではなかったと思いますが、神の視点からこの時の出来事を眺めるならば、あれは聖霊が私に孤独を通して真理に目覚めるチャンスを与えてくれていて、そのために完全に一人でいるように、衝動をもたらしたのだということがわかります。

実際にあの時、誕生日というキラキラした日に、惨めな思いで完全に一人きりになり、そこから逃げなかったことによって、「どれだけ他者に裏切られたとしても、孤独になったとしても、私には私がいる」ということをはっきりと理解しました。そして、この「私には私がいる」という思いは、「エゴとしての私がいる」ということではなく、「聖霊と一体となった神としての私がいる」という確信であり、だからこそ、本質的に孤独になることなどあり得ないという確信でした。この確信があったからこそ、その後すぐにやってきたクリスマスもお正月も、特に孤独を感じずに、静かに平安に過ごせたのだと思います。

そこから数年が経って、私は聖霊からさらに深い、非常に根源的な孤独に対する浄化の機会へと誘われました。それはあまりにも根深いものであり、自分が無意識に向き合いたくないと思っている、自分にとって不都合な自分、認めたくない部分である「非常に脆弱で常に怯えている内なる子」との対面でした。

その内なる子はとにかくいつも寂しくて、不安で、構ってほしいと強烈に感じ、愛に飢えている子でしたが、エゴはその子が保持しているありのままの寂しさを一切受容せず、厳しく糾弾していたので、私自身、その子の深い苦しみになかなか気づけなかったのだと思います。

「寂しいとか構ってほしいとか、そんな思いを持っていたら、人に嫌われたり、面倒臭がられたり、避けられたりするぞ。弱い自分に価値などない。もっと強くなれ。かっこ悪い自分は許さない」

そのようにエゴは、苦しみで絶えず「寂しさ」というヘルプを出し続けている内なる子に対して、とことん冷酷に、時にはその子を見下しさえして、接していたのです。その結果、その子は無価値感を覚え、自信を失い、一人でただ怯え続け、世界に絶望して死にたがっていました。それまではそんな深い苦しみがまだ内面にあったことに全く気づかず、本当に驚きましたが、その内なる子の寂しさをあるがままに受け入れて赦してあげた時、深い平安と安心が内側にジワーッと広がっていくのを感じました。

もうこれからは、本当は寂しくて弱くて怯えている自分を隠して強がらなくていい……。ありのままの自分でいていいことを知って、心から安心したのです。それはまるで一〇〇キログラムほどある重荷を肩から下ろしたような、そんな軽やかさであり、その時自然に湧き起ってきたのは、ありのままの「今」に対する無限の感謝でした。そして、寂しさをなくそうとか、無理に愛そうとか、そんなこともする必要はなく、ただ寂しさを感じることを許して、受け入れて、共にいればいいことにも気づきました。そうすれば、寂しさと共に安心していられるのだと。

その気づきが起こってから、私の孤独への意識は全く変わってしまいました。肉体としての生活を送る中で、時に寂しさを感じることはあれど、それを避けようとか、孤独を恐れる気持ちが消えていったのです。それは、それまで放置されていた根源的な寂しさを無条件の愛の中に迎え入れたことによって、「すでに全てが愛の中にある」という真実を知ったからであり、そう思うと、あえて誕生日に受難をもたらしてきた宇宙の流れ、そしてもっと根源までさかのぼれば、リリという個の魂に寂しさという感情を深く刻みつけたうえで誕生させた宇宙の流れには、感謝せざるを得ません。あの絶望の体験と感覚が、リリという肉体精神機構がそれまで保持していた「強烈な孤独への恐れ」を直視させ、孤独という幻想を看破する素晴らしい機会をもたらしてくれたのですから。荒々しい恩寵ではありますが、聖霊の粋な計らいだったといえるでしょう。

「在る」から観た恐れ

あなた方は「怖れ」と呼んでいますが、
私はむしろ「理解の欠如」と呼びたいと思います。

――バーソロミュー
『バーソロミュー』

「在る」から観た恐れは、エゴの生み出す想念の一つです。想念の一つにすぎないとはいえ、神の特性である「無条件の愛」と対極をなすものですので、個人の視点からすれば最も強力な感覚を伴う想念の一つだといえるでしょう。

人々が起こす行動のその根源にあるものを探っていくと、そこには二つの根源しかないことに気づきます。「恐れ」か「愛」、このどちらかです。

負の感情には、恐怖・不安・嫉妬・恨み・怒りなどいろいろありますが、その根源を探っていくと、結局行き着くのは「恐れ」です。ほとんどの人の人生は、この恐れによって動機づけられ、コントロールされています。例えば「将来が不安だからお金を貯める」という行動は、「将来、ホームレスになりたくない。将来、惨めになりたくない。食べるものに困ったら辛い」などという恐れが軸に起こる不安です。誰かに嫉妬する場合なら、その奥底には「自分はこの人に負けている気がする。負けている自分は存在価値がないように感じる。その感情を認めることはできない」といった恐れがあることも多いです。これらはあくまでも一例ですが、負の感情の奥底にある思いを探っていくと、その全てが、根源においては恐れに基づいていることがわかります。

恐れは人々の行動に非常に大きな影響を与えますので、人の行動を扇動（コントロール）したいとき、最も即効性があるのが、恐怖を植え付けたり煽ったりして、それを軸に行動を急《せ》き立てることだといわれています。闇のやり方ですが、ヒトラーは実際に人の恐れを刺激する方法で、一時的にでもドイツという一つの国を扇動することに成功しました。ヒトラーは当時のドイツの民衆の不満を煽り、怒りで行動を起こさせることに成功したのです。大衆の不満の奥には、自分が満たされないことに対しての恐れがあり、ヒトラーはその恐れの責任をユダヤ人に転嫁し、巧みに利用しました。

極端な例を出しましたが、恐れで扇動というのは、実は日常の中でも頻繁に行われています。例えば、化粧品広告でシミだらけの肌写真を大きく掲載し、「何もしないとこんなにシミだらけに！」というように未来への恐怖を煽るような広告を見たことがないでしょうか？　そのうえで「もし自社の化粧品を使えば、こんなに美しくなります！」と宣伝をし、自分の会社の商品の良さをアピールするわけですが、それも将来への恐れを軸に人を動かそうとする宣伝方法の一つです。広告を見た人々が「わあ！　こんなシミだらけになったら大変！　この化粧品を買えば、その恐れから逃れることができるんだわ！」と考え、行動することを狙っています。人々が恐れを軸として行動するとき、そのほとんどは無自覚です。ですから、自分の内部にある恐れが、自分でも気づかないうちに、人生の選択や行動をコントロールしてしまっていることも多いのです。

その実例をご紹介しましょう。常に疲れ果てているある女性がいました。非常に疲れているのにもかかわらず、彼女は「自分は仕事をし続けなければいけない」と信じていて、その結果、身体のあちこちが悲鳴をあげていました。彼女には持病があり、薬の副作用で疲労感が強く、にもかかわらずフルタイムで仕事をしていました。明らかにオーバーワークな状態です。だからこそ、いつも疲れ果てていました。私と会うたびに「疲れた。どうしてこんなに疲れるのかしら」と口にするので、私はなぜ、その仕事をするのかと聞きました。すると彼女は決まって言いました。「この仕事をしている自分が好きだから」と。私はそれ自体を否定するつもりはありませんでした。しかし、あまりにも疲労しているように感じたので、「持病もあることだし、少しペースを落としてみたら？」と提案したところ、「それはできない。私には持病があるということを会社に言っていないし、言ったら偏見の目に晒されるに決まっている」と彼女は答えました。彼女には、「持病があると偏見を持たれる」という信念があったのです。そこで私は、その信念がいつから始まったのかと問いかけました。すると、彼女は自分の幼少期の傷を明かしてくれました。

「私の母は、幼い私が持病で倒れる姿を見て、いつもこんなふうに言ってきたの。『まあ！なんて恐ろしい！　あなたが倒れるところを他の人が見たらあなたは絶対に嫌われるわ。あなたは絶対にこれから病気を隠さないとダメだわ』って。その時、とても悲しかったけど、それが真実なんだと思ったの。だから私は絶対に病気を隠さないといけないいんです」

彼女は五十代ですが、幼い頃に母親から言われた恐れからくる負の信念をそのまま受け入れて、今もなお保持していたのです。だからこそ、持病があるにもかかわらず、そして毎日服用する薬の副作用がありつつも、健康な自分という仮面をつけて、働き続けていました。

彼女の行動は、親から引き継がれた恐れを軸とした行動であり、魂が「もっと休みたい」と訴えかけ続けて疲労が起こっているのだとわかりました。彼女の疲れすぎているのに頑張り続けてしまうという行動は、幼少期までにさかのぼる恐れが軸になっており、「病気は他者に嫌われる原因」というインナーチャイルドのトラウマが大きく関わっていたのです。ですから、彼女のインナーチャイルドが保持し続けている恐れが癒やされていけば、自ずと自分への愛を軸とした行動を起こせるはずです。けれども、その話を聞いた当時は、彼女自身が恐れで覆われていたため、盲目性がそうさせているということに気がつかず、なかなかそこから抜け出せないという現実が、彼女の愛の学びとして起こっていました。

悲しいことに多くの人々の行動が、恐れを軸としたものに偏っています。では、どうして人々は、そんなに恐れを抱いてしまうのでしょうか？

それは、自分自身を「分離して制限された存在」だと、エゴの視点から見ていることが大きく影響しています。もっと具体的にいうのならば、自分は傷つけられることができて、損なわれたり病んだりすることができて、惨めになることができて、侮辱されることができて、罪悪感を感じ、世界に対して無知でいることのできる存在だと信じているのです。そんなエゴの持つ脆弱性と自分自身のアイデンティティを一体化させているがゆえに、私たちは恐れに翻弄され、コントロールされてしまうのです。

想像してみてください。日常を普通に生きていても、その大前提には常に「自分はいつでも傷つけられることが可能だし、罪悪感に心を奪われているし、何かを失ったり病んだりすることができる存在」、そんな思いがあるわけです。これは一つの信念です。非常に根源的な信念ですので、ほとんどの人がその信念を保持していることすら自覚していません。しかし、無意識のうちにこの信念を前提に日々を過ごしているため、その結果、世界は非常に危険で窮屈なものに思えてきます。そして負の信念に基づく思考が生まれます。

「今日は誰かにひどいことを言われないで済むだろうか」
「今日の自分は一つもヘマせずに一日を終えることができるだろうか」
「惨めな扱いを受けずに済むだろうか」
「誰かに嫌われないだろうか」
「未来の自分は大丈夫なんだろうか」

そのような苦しみを伴う思考がぐるぐると巡り続けていくこととなります。「自分とは、エゴの脆弱性そのものである」と信じ続ける限り、その思考は真実味を持ち続けることになります。この状態では、あるがままの世界に対して心を開きリラックスすることなど、到底不可能です。しかしこれが、多くの人が実際に陥っている状況なのです。この状況から少しでも解放されたくて、一瞬でも楽になりたくて、人は何かに依存したり、何かの中毒になったりします。

恐れから解放されるためには、それらが全て偽りのアイデンティティ・信念だと気づき、自分は偽のアインデンティティが形成しているエゴの妄想の中を生きているということに気づく必要があります。そして、真の自分のアイデンティティは「神そのもの」なのだということを思い出す必要があります。言ってしまえば、恐れから解放されるために必要なことは、ただそれだけです。この真実に気づけば気づくほど、あなたは果てしない解放感と自由を感じることでしょう。というのも、神としての自分は「決して傷つけられることがなく、むしろ傷つけられることは不可能で、損なわれたり病んだりすることのない、全く罪のない完全なる愛と調和そのもの」だからであり、これが全ての人の真のアイデンティティだからです。もし、こちらが本当の自分だということが確信されたなら、自然にオープンハートで世界を眺めるようになり、そのあるがままの完璧さに気づき、リラックスすることでしょう。そこに恐れはもうありませんし、もういろいろ思い悩む必要もありません。と同時に、個人という感覚が幻想であったということにも気がつくことでしょう。

◆「死」と向き合う

人生を真剣に生きれば生きるほど、恐怖を直視する機会がやってきます。というのも、人はいずれ必ず死ぬからです。人生という「生」に向き合い、真剣に生きれば生きるほど、その対極である「死」と対面し、その真実を無視することができないことに気がつきます。そして、この死こそが究極的な恐れです。

生きている間はある程度の時間、死を忘れて生きることができますが、寿命のない生命など存在しませんので、いずれ死と向き合う日が必ずやってきます。そんないつかやってくる死と真剣に向き合ったとき、それが必ずしも恐れの対象ではないことに気がつきます。というのも、死を恐れているのは自分の思考（エゴ）であり、魂は死を恐れていないからです。魂は、肉体の死は魂の死ではないことを直観的に知っているのです。自分はこの肉体そのものであるという考えにとらわれていると、そこには必ず生と死があります。つまり、個人としての「私」がいる限り、恐怖はセットなのです。自分そのものが恐怖ですので、個人がいくら恐怖を取り除こうとしたところで、それは不可能です。だからこそ、「死」を超えていく必要があるのですが、死を超えるのは個人の私ではなく、真の私である真我です。真我は死をすでに超えていて、永遠として在り続けています。この気づきだけが、私たちを根源的な恐れから解放します。

リリという肉体に起きたことでお話しすると、二度目の目覚めの呼び声を聞いた頃、あまりに絶望がひどい時期があったので、その絶望から解放されるために、ある時、死に真剣に向き合ってみたことがありました。ベッドで眠りにつく前に「今日眠ったら次の日、もう目を覚まさない。私は死ぬ」と本気で考えて、何が起こるのかを観てみたのです。最初は惨めさや悲しさ、諦めといった感情が押し寄せてきました。

「ああ、こんなところで死ぬのか。もっと幸せになりたかったなあ」

しかし、もう死ぬわけです。逃げ場はなく、どうしようもありません。全てを手放すしかありません。すると少しずつ、内部に安堵《あんど》感が広がっていきました。もう頑張る必要も、焦る必要も、苦しむ必要もないことが理解されたからです。

すると次に、これまでの人生が走馬灯のように駆け巡りました。小学生の時の思い出やこれまで出会ってきた人のイメージなど、さまざまなシーンが浮かびます。嫌いだった人も好きだった人も思い浮かび、なぜかその全てを愛おしく感じました。皆が、私の目覚めの道のための存在だったことが直観的に確信されたからです。自然と涙も出てきました。悲しみの涙ではなく、ただただ深い感謝によって起こった涙でした。

次に、私が死ぬことを知って、母がとても悲しむイメージが浮かびました。

「私を置いていかないで」

母から、そんなメッセージを受け取ります。私が肉体を離れてしまうことに対して、母が強い不安を感じていることがわかりました。しかし私は安心感の中で微笑み、こう告げました。

「ママ、大丈夫だよ。私は決して死なないから」

そして安らかな気持ちの中、眠りにつき、目が覚めた時に起きたことは驚くべきものでした。昨晩の絶望が全て、綺麗に消えていたのです。思考を起こそうとしても起こせません。昨日まではどれだけ逃げたくても逃げることのできなかった絶望の思考が一切湧き起こらないのです。ただ静寂だけがありました。この静寂が二時間ほど続き、やがて再び日常が戻ってきましたが、この体験を通して私は、死は一つの肉体的変化にすぎず、死の先に真理が再誕することを知りました。肉体の死と向き合い、「真の自分は肉体ではない」と理解した時、真理を知ったのです。

◆恐れの本質

「恐れとは何か」

「なぜ、恐れは起こるのか」

「恐れの意味とは何か」

このように、恐れの本質とは何かを自問してみたことはあるでしょうか？

恐れの本質は、「それそのもののみでは存在できない影のような存在」です。恐れは常に、それ自体のみでは存在し得ず、自分の想念と対象物との関係の中で生じます。例えば、苦手な虫との関係の中で、野犬との関係の中で、高い場所との関係の中で、死との関係の中で……。このように、恐れは必ず何かとの関係の中で生じてきます。ですから、恐れが単独で存在することは不可能で、自分の想念と対象物が恐れを形成しているのです。ある人は高い所に行くとワクワクし、ある人はとんでもない恐怖を感じます。それはその人自身の想念と高い所という対象が起こしている現実です。なぜ、高い所が苦手なのか、その原因は不明なことも多いですが、そうした場合、前世に何か原因があることもしばしばです。よって、前世が癒やされた結果、原因不明の恐怖が癒えることもあります。

多くの人が無意識の中で恐怖を感じ、そして避けようとしますので、自分が何との関わりや出会いや接触の中で恐怖を感じているのかに関して、気づいていないことも多いです。よって、恐れの本質を見抜くには、まず自分が何を恐れているのかを知っていく必要があります。病気を恐れているのか、仕事を失うことを恐れているのか、名声を失うことを恐れているのか、夢を実現できないことを恐れているのか、自分の闇を人に知られるのを恐れているのか……。恐れの対象は人それぞれ異なります。そして多くの場合、その恐れへの対処法はただそれを避けて逃げること、もしくは排除することであり、それ以外に為《な》す術などないというように考えます。

しかし、一時的に逃げることができたとしても、またその対象がやってくれれば、恐れがやってきます。何か一つを排除してもまた新たな恐れが生み出されるものです。にもかかわらず、多くの人がその悲しい現実に対して「避ける・逃げる・排除する」という一時的な逃避の方法しか知らないのです。そうすると、いつもどこかで何かを恐れながら生きることになります。しかし、恐れに対する適切な関わり方を知っていれば、恐れが起きてもそれほどストレスにならず、さらにはその恐れを愛に錬金することができます。ということで、恐れに対する関わり方をご紹介します。

まず、大前提として、恐れは、それそのものでは存在し得ない影のようなものであるということを理解してください。そのうえで、恐れをあるがままに直視します。その時、恐れを否定したり、ごまかそうとしたり、取り除こうとしたりはしないでください。恐れを悪いものだとするのではなく、ただあるがままに受け入れます。そして、今感じている恐れと、気づきが共存していることに気づきます。つまり、恐れに気づいている自分が共にいて、「在る」の中で恐れが起こっていることに気づくのです。それは「私は恐れている」のではなく、「私の中に恐れが起こっている。そしてそれに気づいているこの私も共存している」と表現できる状態です。そして、この気づきの感覚にフォーカスを当て続けます。するとやがて、少しずつ恐れが薄れていくことに気づくことでしょう。結局、恐れは純粋な気づきの中で、やってきてはやがて過ぎ去るものだと理解されるのです。そのためにも、まずは自分の恐れから瞬間的に逃げるのではなく、それをありのままに受け入れて、気づいていく必要があります。気づいたうえで、「私は在る」という確固たる土台の上に、恐怖という流れがやってきて過ぎ去っていくのをただ、観るのです。すると、徐々に自分の視点が「恐怖している自分」から「それにただ気づいている真の自分」に移っていくようになります。恐怖に対して恐怖することが終わり、恐怖に冷静に対処できるようになっていきます。すぐにうまくできるわけではありませんが、練習していくと必ず効果が出てきます。ぜひ、実践してみてください。「在る」の視点から観た恐れは、その他の感情と同じで、やってきてはやがて過ぎ去る一つの流れにすぎないことがわかります。

「在る」から観た自己愛

自分の世話をし、自分を愛する方法がわからなければ、
愛する人の世話をすることはできません。
自分を愛することは他の人を愛するための基盤です。

——ティク・ナット・ハン

『Your True Home』

「在る」から観た自己愛は、「在る」の視点そのものに立つ素晴らしい行いです。自己愛だけで本が一冊書けるほどに、自己愛という行為には、目覚めにおける重要なエッセンスが詰まっています。真の自己愛は人々をエゴ意識から真我の意識へと導く触媒となります。しかしそれは、自分に対して無条件の愛を注いだときにのみ、発動するものです。もし、自分の良いところだけを愛したり、自分の光の部分だけを愛したりするならば、その行いはあなたを真我意識から遠ざけて、「私は光の人間だ」というようなスピリチュアルなエゴを新たに構築していくことでしょう。

しかし、実際に多くの人が、自分の良いところ、光の部分は認め愛することができても、闇の部分を認め愛することができずにいます。自分の嫉妬心やイライラする心、意地悪な心、人を見下す一面など、そうしたものが自分にあることを受け入れられず、拒絶して自己否定してしまうのです。むしろ、そうすることこそが、正しい自分へ近づく方法だとさえ考えています。その理由の一つとして挙げられるのが、「それを認めてしまっては、自分が悪い人間になってしまう。それが消えなくなってしまう」というような思い込みがあるからです。しかしこれは、「自分はエゴ的存在である」という思いが基盤にある恐れであり、もし、自分が神の子で、愛そのものであるという気づきが軸にあれば、決して起こらない恐れです。エゴの視点から見ると、光と闇というこの世界の二元性において光の人間になるためには、闇を否定し、ジャッジし、拒絶する必要があると考えるのです。

エゴにとっての自己愛とは、自分を都合よく好きになることであり、自分のあるがままを愛することとは性質が全く異なります。自分を好きになるためには、自分を好きだと思えるための努力や、自分の嫌いな部分を矯正する努力が必要となり、そうして努力していくうちに、自分を一〇〇パーセント好きになることなど、決して不可能だということに気がつきます。というのも、エゴから見ると、人間は皆、誰一人として完璧ではないからです。もし、一時的に完璧になってその自分が好きだと思えたとしても、今度はそんな完璧な自分にとらわれて、それを維持することに必死にならねばならなくなるでしょう。そうして自分を好きになるために不毛な努力を続け、自分の嫌いな部分、闇は否定され続けるのです。しかし、この世界は二元の世界です。光があれば闇がありますので、自分の光を求めれば求めるほど、必ず闇が迫ってきます。そうして自分の内部に大きな二面性が生まれ、あるがままの自分を愛するなど到底不可能で、自分を好きになるためには必死に取り繕わなくてはいけないと考え始めるのです。

これが、エゴが考える自己愛です。なんとも疲労感の伴う偽の愛です。この愛を自分に注いでいる限り、その人はエゴの光と闇の二元性を行ったり来たりし続けることになります。その結果、外の世界では高尚なスピリチュアル教師、家庭内では家族に怒鳴り散らしていつもイライラした迷える子羊、とそんな現象が起こっていきます。

真の自己愛はこうした二面性を一切否定しません。ただ、あるがままに受け入れて愛します。神の視点から観た自己愛は、単に自分を好きになるということではなく、自分をあるがままに受け入れるということです。ここには大きな違いがあります。真の自己愛の性質は、エゴが生み出す光と闇の二元性を包含し超越した受容性なのです。だからこそ、二元としての光も闇もどちらも愛で包み込み超越しています。エゴが唯一、為す術のない領域です。

というのも、エゴは二元性を生み出すことしかできず、それを超えた一元的な愛を超越することは不可能だからです。それはたとえるなら、青空の中でこそ存在し得る雲が、青空になろうとする取り組みです。雲は青空があってこそ初めて存在することが可能であり、雲だけで存在することは不可能です。ですから、雲は青空という基盤なしに存在することは不可能なのです。

自己愛も同じで、自分に無条件の愛を注ぐことだけが、光と闇の二元性を超えることを可能にするのです。それが青空としての在り方そのものなのです。もし、あなたが自分の醜い部分を責めて、それがないふりをしようとするならば、それは青空の上に存在する実体のない雲を自分自身だと思い込んでいる行為であり、その時点で「自分は青空の中に浮かぶ実体のない雲（光と闇の二元性）そのもの」と宣言したも同然で、エゴの幻想世界に巻き込まれます。闇を否定すればするほど、闇の存在を実在だと認めることになり、巻き込まれていきます。だからこそ、そんな不毛な行いをやめるためにも、あるがままの自分を愛してください。どんなに嫉妬深い自分に出会ったとしても、どんなに意地悪な自分に出会ったとしても、どんなに愛情に欠けた自分に出会ったとしても、どんなに薄情な自分に出会ったとしても、それをただ直視して、何のジャッジもすることなく受け入れて、赦すのです。その視点はまさに神の愛の視点であり、あなたが自分の醜い部分、闇の部分を愛した途端、あなたは青空としての視点を体感することとなります。あなたにできることは、闇を撲滅して光に偏ることではなく、闇も光もあるがままに受け入れること、これだけなのです。闇だけを消し去ることは決してできません。それは昼だけを望んで夜を拒否するようなものです。晴れだけを望んで雨を拒否するようなものです。そうした偽の自己愛は自然の摂理に背く行為なのです。

◆あるがままの自分を愛そうとすると起こること

あるがままの自分を愛そうと決意・覚悟して、実際にそれを実践し始めると、他者を通していろいろな自分に出会うようになります。光の自分にも闇の自分にも出会います。時に、これまでは見つめずに済んでいたびっくりするような闇に出会うこともあります。キリスト教的な言葉で表すとするならば「受難体験」です。悪魔のような人に出会ったり、とんでもなく嫉妬心が湧いてくるような相手に出会ったりすることもありますし、人それぞれ、自分の魂の教訓に沿って、いろいろなパターンがあることでしょう。人間関係は鏡ですので、そうした人々と出会うことで自分の中にあった醜さや闇にぶつかります。この時は感情的にはとても苦しい時です。自分がスピリチュアルな人間とは全く思えないような感情を体験します。相手に対する殺意、憤怒、復讐心《ふくしゅうしん》、恨み、困惑、嫉妬、妬み、悲しみ……、いろいろな感情が起こってくることでしょう。「自分の中にこんなに闇があったなんて！」と驚くかもしれません。そしてエゴは自分を正当化しようとします。

「君は何も悪いことをしていないのに、復讐するにふさわしいくらいのひどい扱いを受けたじゃないか。奴を傷つけてしまえよ」

その声の誘惑は強烈です。しかし、目覚めゆく中、それがエゴの囁きであって、復讐の先にあるのは喜びではなく、さらなる苦しみであることがわかっているので、その声に乗って一瞬でもスッキリすることさえできません。惨めで報われず、悲しみに暮れます。

では、なぜこのようなことが起こるのでしょうか？　こうした体験は、実のところ、神の視点から観れば、恩寵そのものであり（荒々しい恩寵ですが）、あなたが愛そのものになるための浄化現象です。ただ、そうすると、「神は意地悪だ」と思う方もいるかもしれません。しかし、神は愛そのものであり、意地悪ではなく、親切で慈愛に満ちあふれています。とどのつまり、自分の中にあったエゴの意地悪さ・狂気といった闇が、愛のエネルギーになじまなくなってただ表面に出てきているだけなのです。

これまでの私たちはエゴと協定を結んでいました。表面的な協定ですが、「エゴさん、私はあなたを温存させ続けますので、私をある程度楽しませてください」「ああ、いいとも。君にいろいろな蜜をあげよう。恋愛、仕事、あらゆるアイデンティティとドラマ性を与えて喜怒哀楽のゲームを楽しませてあげよう。だから私の本質である狂気を消そうとはしないことだよ」と、そんな協定を結んでいたのです。

しかしある時、私たちはなぜか目覚めます。なぜかエゴの狂気にうんざりするのです。そして目覚めよう、自分を本当の意味で愛そう、と決意します。そして本当に無条件の愛を自分に注ぎ始めます。すると自分の内部のエネルギーが変化し始めます。エゴの狂気のエネルギー波動に慣れていた内部に、無条件の愛という非常に微細で美しいエネルギー波動が浸透し始めるのです。この二つの波動はあまりにも違い、エゴの波動は荒く激しく、愛の波動は繊細で微細で美しいので、共存できません。すると、エゴの波動が出ていくしかなくなります。そうして、それまでは心の奥底に隠れていた自分の闇がどんどん表面に出てくることが起こってきます。これは全て、自然に起こってくる現象でコントロールすることはできません。そして表面に出てきたエゴの狂気の波動が他者の狂気と共鳴し、現実に受難が訪れるのです。

目覚めていけばいくほど、全人類が普遍的に持っているエゴの根源的な狂気が表に出てきて昇華されていきます。そこでエゴに飲み込まれるのか、それでも愛を選ぶのか、その選択肢は常に本人に託されています。しかし、目覚めゆく人はこの受難を一人で乗り越える必要がないことを知っていますので向き合うことができます。というのも、私たちには常に聖霊がいるからです。聖霊と共に、受難を超えていくことができます。その真実に気づいてさえいれば、聖霊が必要な導きと必要な助っ人と必要な環境を準備します。リリという人生ストーリーを振り返っても、まさにその通りのことが起こりました。受難の中にある時は、必ず聖霊から助けがありました。時には本を通して、時には人を通して……と、あらゆる形で支えられ、導かれて今があります。

私の発信をご覧いただいている方々にも、やはりそうした体験をしている方が多く、よく実体験をシェアしてくださいます。例えばある時、私のセッションを受講してくださった方がこんなことを教えてくれました。「自分を本当に癒やしたい。そうじゃないと傷が深すぎてとにもかくにも前に進めないことに気づいた。だからリリさんのセッションを受けたいと願った。でも自分は今無職でお金がなく無理だ……。そう思っていたら、リリさんのセッション代（受けたい回数分）の臨時収入が急に入った。だから今、受講している」と。彼もまた、聖霊に導かれたのだと、すぐにわかりました。彼はセッションの中で何人ものインナーチャイルドと出会い、聖霊と共にその子たちを癒やし、受難を乗り越えました。それまでは直視することさえ辛かったトラウマの体験を直視して、その体験から自由になると決めたからこそ、起こった奇跡です。エゴの闇のドラマから解放される覚悟を決めたのです。そして導きが起き、セッションを通して、あるがままの自分の傷を直視し、聖霊と共に愛を注ぎました。これもまた、自己愛の実践そのものです。セッションを受講された数カ月後、その方から連絡があり、「今、非常に軽やかだ」と教えてくれました。本当に自分を愛すると決めたなら、そのように聖霊からのサポートが起こっていきます。そしてエゴが解体されていき、エゴの視点で生きる人生から神の視点である「ただ、在る」意識へと移行していくのです。

◆あるがままの自分を愛するともたらされる副産物

あるがままの自分を愛すると、自らの光と闇が一元的な光へと還っていき、エゴの狂気が解体されていきますので、良いこと尽くしですが、それに加えて、さらなる副産物があります。それは「明晰さ」と「人間関係に起こる変容」という恩恵です。

自分のあるがままに愛を注ぎ始めると、自分を赦すことが起こっていきます。すると自分の内部の闇が愛（一元的な光）の中に統合されていきますので、徐々に、内部が愛に満たされるようになっていきます。人は鏡ですので、愛は外側の世界へと投影され、外の世界もその全てが愛の表現だということが見えてくるので、「許せるもの」と「許せないもの」の境界線がなくなっていき、その分、自身のアイデンティティの境界が薄れていきます。

これまでは「許せるもの＝自分が受け入れられるもの」だけが自分のアイデンティティの範囲内のもので、ある意味でそれが自分とはどんな人間なのかを証明し、自分を温存し続けていました。例えば、「ゴミのポイ捨て」に対して、他者のゴミのポイ捨て行為を絶対に許せない、受け入れられないと感じている場合、「ゴミをポイ捨てする人＝自分とは違う存在・敵」となります。「自分＝ゴミのポイ捨ては許されない行為だという信念を保持する存在」というアイデンティティを温存し、その結果、自分と自分以外というエゴの分離の壁が、無意識のうちに強固に築き上げられます。「受け入れられないもの＝許せないもの」は自分とは全く違う自分の外側にある「敵のようなもの・拒絶対象」というような意識になるわけです。

しかし、自分に愛を注ぎ始めると、自分の内部にあった闇も直視することになるため、自分の内部に何かしらの反応が起こる相手というのは、自分の闇の鏡となっているにすぎず、それゆえに拒絶が起きていることに気づきます。そこで自分のあるがままの闇を赦すことで闇が愛に包含され、他者への投影も終わります。その結果、ゴミのポイ捨てやゴミをポイ捨てする人をジャッジする必要がないことへの理解が生まれ、むしろそうした行為の裏には、自分の闇と同じようにいろいろな事情や苦悩があることにも気がつきます。その人の中にも自分自身のエゴを見るのです。そうして自分と他者の間に築かれた壁が取り払われ、アイデンティティの範囲が広がっていきます。

自分のあるがままに愛を注げば注ぐほど、自分への赦しが起こり、その分、世界もあるがままで赦されていることに気がつき始めます。これは「たぶんそうなんだろうなあ」という感覚ではなく、明晰な確信です。その結果、自分の本質は、個人としてのアイデンティティといったような小さな自己感覚の中に閉じ込められているようなものではなく、あるがままの宇宙世界そのものに対する愛だということがはっきりとわかります。その視点で世界を眺めると、これまでは混沌としていたあらゆることが、明晰にわかり始めます。なぜ「人に罪はあらず、無知に罪あり」なのか、なぜ「汝、隣人を愛せよ」なのか、それらの言葉の真意がはっきりと理解できるようになり、そのうえで今まで本物だと思っていた幻想の世界を、愛を軸とした明晰な視点で眺めるようになっていくのです。そこにはもはや、個人的な多くの信念が土台となった視点はなく、神の視点だけがあります。神の視点だからこそ、明晰なのです。明晰な視点においては、誰かをジャッジする必要も排除する必要もなく、ただ愛としてありのままに在り続ければよいことがわかります。肉体が終わるまでは、この肉体を通した人生という演劇は続いていきますが、あるがままに、好きなように、ただ生きることが起こります。

こうした視点が定着すると、必然的に人間関係も大きく変わっていきます。あるがままの自分を尊重すると同様に、あるがままの他者を尊重するようになり、個人としての自分の宿命である孤独を恐れなくなります。よって孤独を恐れるがゆえの依存関係や主従関係などは終わっていき、必要なときに必要な人が現れて、必要がなくなったときにはただ去っていくことが起こっていきます。

「在る」から観た悟り

天の王国はあなたの内部にある。

——ダグラス・ハーディング

『頭がない男』

「在る」から観た悟りとは、「個の魂が〈在る〉へ帰還すること」であり、キリスト教的にいうのであれば「放蕩息子の神の王国・天の王国への帰還」です。魂はもともと不滅ですが、その魂が個人の魂から宇宙の魂に明け渡され、「大いなる神＝在る」の中に完全に溶け入るとき、悟りの最終的な成就が起こります。それは、解脱の最終段階です。

悟りや解脱の中にさえ、微妙にいろいろな段階があります。まず、「私は、いる」という個人の感覚の段階があります。その段階においては存在の存在感が保持されている状態です。その次に非二元の領域の段階「私は、いない」という個人消失の感覚、存在の不在の段階があります。しかし、その先、「私は、在る」という感覚には存在の存在の欠如、存在の不在の欠如があり、そこにはただ一元なるもの「神=在る」だけが在ります。最終的な悟りとしてのここを真に見出すために、多くの探究者が自分のエゴを神に明け渡すために修練したり、自分のあるがままを愛したり、いろいろな方法で浄化を行っていきます。ただ、それらも全ては「在る」の視点から観れば、ただ、起こるべくして起こっており、最終的には「恩寵」という形で神への帰還が起こります。

ここでポイントとなるのは、神への帰還を自ら望まなければそれは起きないけれど、望めば必ず自分の意図通りに恩寵がやってくるわけではないということです。恩寵とは、人智を超えた領域のものであり、コントロールすることはできません。コントロールを諦めたときに訪れる意識です。個人が努力をやめて個人を明け渡したときに起こるものなのです。

よって、本当の悟りというものは、個人的なものではありません。それは絶対に全体的なものです。悟りは、「私は在る」、その神自身が自分自身に対して目覚めることです。個人の自分が自ら目覚めるということはあり得ず、私たちの本質である源泉、神が「個人としての自分」「探究者としての自分」という夢から目覚めるのです。

「在る」から観れば全てはすでに悟っています。あなたも、鳥も植物も家具も空気も、全ては悟っています。しかしそれをわからなくさせているもの、それが「エゴ」です。自分の精神であり、肉体であり、つまり個人という「肉体精神機構」が、私は個人であって個人の人生があるというストーリーにリアリティを与えているのです。

その個人の人生のリアリティを保持している根源は「神との分離感」と「愛と恐れという二元性」であり、これらが強烈な感覚を伴い、私たちは「自分は本来スクリーンそのものなのである」という真実を忘れて、映画の中の登場人物の一人が自分自身なのだと勘違いしてしまっています。「在る」の視点から観れば、それらは全て、スクリーンに映し出された実体のない幻想であり、つまりエゴは夢の中で起きていることを本当だと信じて四苦八苦している幻想そのものであり、全てはすでに悟っていて、悟っていないものなど一つもないのです。

◆エゴの巧妙な信用詐欺

こうして「在る」の視点で世界を眺めていくならば、この世界は非常に巧妙なエゴの信用詐欺の世界であるということがわかります。本当は実在していないものを実在していると言い張り、それが真実だと主張し、だますことに成功し続けています。

エゴの世界を真実だと思い込んでいる限り私たちは盲目です。どれだけ学問を身につけたとしても、権力を手にしたとしても、それは幻想であり、思い込みにすぎない偽の真実なわけです。

だからこそ、悟りを見出すことを「目覚める」と表現します。これはつまり、盲目さが保持していた信用詐欺の世界から目が覚めるということであり、エゴの信用詐欺を見抜いたとき、人は悟ります。そうすると次に浮かんでくる疑問は、「そもそもなぜ、このエゴの信用詐欺が始まってしまったのか？」というものです。そこに対する答えとしては、「それはただ、始まった」「それはただ、起こった」という表現をするしかありません。

よくよく考えてみてください。あなたはこの世界に生まれてきたくて生まれてきたのでしょうか？　その性格で、その容姿で、その家系で、そのＩＱで、その国で……、それら全てはただ起こったのではないでしょうか？　ええ、全てはただ起こっています。それはあなたの責任ではないのです。だからこそ、「人に罪はあらず、無知に罪あり」であり、「全ての生命は無辜（完全に罪のない存在）」といえるわけです。

ただ、そうすると「では、結局のところ、エゴが悪者なのではないか？」というような考えに行き着く人もいるかもしれません。しかし、エゴは幻想なわけです。エゴは実在しません。だからこそエゴを悪者にするという行為は、エゴにフォーカスを当てて、「それは実在する批判対象である」というふうに、エゴを実在させる偽りの行為になります。それはつまり、エゴの信用詐欺に自ら加担して、エゴの信用詐欺を温存させる行為になるわけです。

エゴを悪者にする必要もありません。むしろ、そのエゴが幻想であると見抜いていくことのほうが大切です。そうすると、ただ起こることをあるがままに受容し、気にしないということが起こっていきます。なぜ気にならなくなるかといえば、あるがままの自分を愛し、あるがままの世界を受け入れているがゆえに、刺激される内部の恐れがなくなるからです。

気になるというのはそれが真実だと信じるからです。戦争をどうしても批判したくなるとき、それは戦争が真実だと信じています。戦争に対して傷ついているインナーチャイルドが内部に存在しています。そうしたあらゆる幻想の現実を愛で癒やし、個人としてのアイデンティティが全体に明け渡されていけばいくほど、あるがままに対する受容力が深まっていきます。この受容力こそがまさに恩寵であり、その時、あなたはエゴと闘わず、エゴの信用詐欺から目覚め、神としてこの世界をあるがままに観るようになっていきます。そして、全てが神を土台として起こっていることが理解されます。恩寵の為すままに人生が展開していきます。ただ「在る」ことが起こっていきます。これは、決して何もしないということではありません。神の意志に沿って、ただ起こるべきことが起こるがままにするということです。そこには何の疑問も抵抗もありません。

◆真実のシンプルさ

悟りが時に、人々にとって非常に難解に感じられるのは、それがあまりにもシンプルすぎるからでしょう。真理はあるがままの「在る」、これであり、あまりにもすでに目の前で明かされている真理なので、逆に多くの人が見失ってしまうのかもしれません。

私たちはこれまで、思考を使うことが当たり前で、ほとんどの時間を、思考を鍛えるために費やしてきました。難しい学問を学んだり、何かの攻略法を考えたり、何かを研究したり、探究したり、あらゆる分野で思考を駆使して謎を解き明かそうと必死になってきました。この世界には謎があふれていて、それを一生懸命解き明かしたらこの世界の真理が明らかになる……。私たちはそんなふうに考えてきたのです。

しかし、真実はというと、真理は常に目の前に明かされていて、すでに植物や動物などあらゆるものがそれを体現していて、自分自身でさえ、その真理を体現していて、今もまさに体現しているということなのです。エゴが世界にかけているヴェールによってそれが巧妙に隠されているだけで、そのエゴのヴェールが取り払われるだけで真理は目の前にあるのです。

多くの人が信じていることとして、何かを積み上げた先に真理があるという考えがありますが、これもまた思考の癖です。真実はそうではなく、自分が信じ込んでいたもの、学んできたもの、そうした全てのことを捨てて、さらには自分が自分だと思っていた全てを捨てて、それでも最後に残っているもの、それが真理です。思考が生み出したものは全て幻想であり、概念にすぎず、私たちはこれまで、あまりにもそれを信じすぎてきました。その結果、私たちは無意識のうちにあらゆる信念を保持して生きてきました。

「悟るためには、こうあるべきだ」

「悟るためには、このようにしなければならない」

そうした信念の軸は何でしょうか？　その全ては思考が軸になっており、自分のアイデンティティにさえなっています。「悟りとは何か」という概念に縛られ、いつの間にやら悟りの探究が自分個人のアイデンティティにさえなってしまうのです。

これらを全て捨て去ったとき、人々は真理があるがままの全てそのものであったということを理解します。エゴは依然として言うでしょう。

「悟りとは何ですか？　どうしたらそれを見出すことができますか？　どうしたらそれを育むことができるのでしょうか？」

しかし、それを言っているその声は誰なのでしょうか？　そして真のあなたは誰なのでしょうか？

「在る」の視点から観た答えはこうです。

あなたが悟りです。「神」はあなたの名前であり、「在る」もまたあなたの名前です。あなたはすでにそれそのものなので、それを育んだり培ったりする必要はありません。ただあなたが、自分は神ではないという思い込みを保持するための、その全てを捨てていけばいいのです。ただそれだけ。そしてもし捨てなかったとしても、あなたはすでに悟っています。今この瞬間も。ですから、真の自分に気づき続けてください。そして偽りの自己であるエゴの声を信じる癖をやめてください。すると自ずと、あなたの本性が見えてきます。あなたは神そのものだということが理解されるでしょう。

あなたは私であり、私はあなたなのです。

第5章　魂から「在る」への帰還の旅路

悟りとは、個としての魂が大いなる魂、「在る」へと帰還することですが、その過程にフォーカスすると、多くの場合、いくつかの段階を通ります。その段階は、大きく四つに分けることができます。ただ、これはあくまでもリリという肉体精神機構に起こったストーリーを軸に見出した内容ですので、例外もあることを念頭に入れたうえで、読み進めていただければと思います。

四つの段階とは以下の通りです。

1．魂に目覚める　二重の盲目性（エゴの洗脳＋社会の洗脳）からの解放
2．魂、真理に目覚める　一重の盲目性（エゴの洗脳）から明晰さへ
3．魂、真理への帰還を決める　恩寵が関与して神への帰還の道へ
4．魂、恩寵の為すままに　あるがままに流れに乗り、個人を神へ明け渡し続ける

第5章では、この四つの段階に関して、それぞれお話ししていきたいと思います。

1．魂に目覚める　二重の盲目性（エゴの洗脳＋社会の洗脳）からの解放

「魂に目覚める」とはどういうことでしょうか？　それは魂の声を聞いてそれを実際に実行することであり、魂の声を真剣に聞き続けていくと、いずれ真理に導かれます。というのも、魂は「本当の自分を知りたい」という衝動を持っているからです。「本当の自分とは誰なのか」という問いは、エゴの視点から見れば絶対的な謎であり、しかし魂は直観的にこの世界の真理を理解しています。魂は本当の自分を知ることでしか、心の底から満足できないようにプログラムされていると言っても過言ではありません。しかし、多くの人の場合、魂の純粋な声や欲求は抑えつけられ、それよりも社会的にまっとう・まともとされる生き方を強いられています。例えば、本当は着たい服があるのに、学校の規則で強制されてそれに従ったり、本当はアートの学校に進みたいのに親の反対で医学部に進んだり、本当は髪の毛を明るい色にしたいのに周りの目を気にして黒にしたり……。自分の純粋な魂の欲求に従うことは、一種、罪であるようにさえ感じている人も少なくありません。そしてそうした社会的にまっとう・まともとされる

生き方こそが〈正しい道〉であると信じている人も少なくないのです。

魂の視点から観れば、そうした信念は全くもって正しくもまっとうでもないのですが、エゴは盲目のヴェールを通して世界を見ますので、そのことに気がつきません。結果的に自分の魂の欲求を尊重するよりも、周囲の目や意見を気にして生きていくような自分が出来上がっていきます。

魂の声を無視するようになる原因はほかにもあります。例えば、幼少期、親から健全な愛を受け取れなかったり、ひどい傷（トラウマ）を負うような出来事があったりすると、「ありのままの自分は愛に値しない」「自分は他者よりも劣っている」「自分の考えは常に間違っていて、だからこそ、どんなに傷つけられても人の意見に従わないといけない」というような信念を保持するようになり、その結果、魂の叫びを無視して他者に服従してしまったり、洗脳されてしまったりすることさえあります。そうした場合、あまりにもエゴの狂気の世界に慣れてしまって、「愛が怖い」「愛は危険」とさえ思ってしまうことも少なくありません。

どんなパターンにせよ、魂の欲求に従わないその奥には、共通した感覚、「恐れ」が隠れています。それは「自分はありのままでいては愛されない、受け入れられない」「自分のありのままの欲求を尊重してしまうと生きていけない」というような「孤独」や「生存」に対しての恐れであり、その恐れが無意識のうちに、人生におけるあらゆる選択権をエゴの盲目性に明け渡してしまっているのです。

魂の声があまりにも無視されると、この世界に二重のエゴのヴェールがかかることになります。そもそも、個人としての「私」が真の自分自身であるというエゴの想念自体が盲目さを生んでいるわけですから、魂の欲求を無視することで、さらなる盲目性が生まれてしまって、二重のヴェールがかぶさってしまうのです。その意識で人生のあらゆる選択を行っていくわけですから、いろいろな問題が生じてきます。はたから見たら自滅的な選択ばかりをしてしまうような人生になるかもしれません。それはエゴの狂気に振り回されているがゆえの行動であり、本質的な幸福からは遠ざかる一方です。しかし、神の視点から観れば、その盲目性から生じる苦しみは、愛と調和に戻るためのサインでもあります。「どうして自分の人生はこんなに苦しいんだ⁉」という問いに対して、「あなたが自分の意識の中に無条件の愛を呼び込むならこうしたことは起こりませんよ。これはあなたが引き寄せた学びなのです。愛を軸に選択するならば、こうした選択とその結果はもたらされません。しかし、エゴに主導権を握らせた世界はこんな感じです。愛に対して無知でいる限り、このような世界が続きます。魂の声を無視している限り、このような世界が続きます」とアンサーをもたらしてくれているというわけです。ですから、もし同じ受難がやってきたとしても、愛を軸にその受難を受け入れる人と、恐れを軸にその受難から逃れようとする人の人生の選択や結果は全く異なってくるわけです。

例えば、ある二人の運命として、それぞれに人に濡れ衣を着せられるという現実が起こったとします。一人は自分の魂の声を無視して、恐れを軸に生きています。もう一人は自分の魂の声を尊重して、愛を軸に生きています。そんな二人が別々の場面で全く同じ状況に陥ります。何も悪いことをしていないのに悪者にされて、実際にそれをやった人は善人の仮面をかぶって逃げてしまうような、そんな出来事です。最初はびっくりして、その後心の中ではいろいろな感情が荒れ狂います。怒り・悲しみ・苦しみ・傷つき……。ここまでは双方同じです。しかしその後の選択が少し異なってきます。

魂の声を無視して恐れを軸に物事を捉えて生きる人は、その現実に対して深い恐れを感じ、とにかく逃げようとします。魂は常に愛と調和に向かっていこうとしますので、そうした恐れを直視して解放してほしいと願いますが、その声を無視してとにかく傷を直視しなくて済むようにいろいろな対策を行います。暇さえあればお酒を飲み、寝て、思考を鈍らせます。それでも起こってくる苦しみに対しては、「どうして私がこんな目に遭わなければいけないんだ⁉」と怒りを表出し、心を閉ざし、世界を恨むようになります。そうすると、ますます人生が行き詰まっていきます。その行き詰まりをごまかすためにさらに目先の快楽を求め、その対象に依存します。現実として残るのは心の痛みと依存症です。そしてその人は思います。

「どうして自分の人生はこんなに苦しいんだ⁉」

一方、魂の声を聞く人は、自分のあるがままの感情を受け入れ、感じ抜きます。そして強烈な怒りが出てきた際には、自分の鏡の部分があることを認めて、その鏡の部分を発見し解放するためのワークを行います（あくまでも一例ですが）。そこでその人は、その現実がどのような愛の学びとして自分に起こったのかを理解し始めます。感情が発散された分、心も落ち着き始めています。相手への赦しの気持ちも芽生え始めます。感謝の気持ちさえ湧いてきます。「あの時、私に受難をもたらしてくれてありがとう。おかげで私は自分の闇を発見しそれを愛に解放することができた」と。しかし、ふとした時、また感情が荒れます。その時、その人は再び自分のあるがままの感情に向き合うこと、そして相手の中にある自分の鏡の部分を見ることを厭《いと》いません。そうして果てしない忍耐と思いやりを持って自分の心の傷や闇に向き合い、いくらかの年月が経ったある時、ふと気がつきます。

「あれっ、そういえば、もうあの時のことを思い出しても全然苦しくない。キツくない。むしろ思い出すことさえほとんどなくなっている」

過去の傷に対して、完全に平気になって、心を開いている自分に気づくのです。そして当時、思いきり傷ついた分、以前よりも強く、優しく、思いやり深い自分がいることにも気づきます。その自分とはもはや、個人としての自分ではなく、神としての自分だということにも気づきます。そうして、人生というものは本来、非常に軽やかで、慈愛にあふれていて、平安であるということが理解されていきます。

このように、全く同じ現実が起こったとしても、その人がどのように生きるのか、どのような在り方でいるのかで、その後の展開は全く変わっていきます。魂の声を聞く限り、その人は必ず霊的成長・進化に導かれていきます。恐れの声を聞く限り、人生はエゴの狂気に飲まれてしまいます。どちらの生き方が正しいとか間違いとかそうしたジャッジを加える必要はありませんが、どちらが平安か、どちらが満たされているか、という視点で見ればその答えは明白だと思います。だからこそ、まずは自分の魂の声を尊重していくことを心から推奨します。魂の声を尊重することはあるがままの自分への愛の実践であり、それがどんな行動であったとしても、その行動は必ず、魂の本質である「愛と調和」へとあなたを導くでしょう。

2. 魂、真理に目覚める　一重の盲目性（エゴの洗脳）から明晰さへ

自分の魂の声を聞くようになると、常に魂が望んでいることの本質には「愛と調和」が関与しており、その愛と調和を学ぶために、いろいろな体験をしていることに気がつき始めます。好きな服を着るのも、好きな場所に行くのも、自分の思っていることを正直に他者に伝えることも、自分の魂が純粋に望むものの全ては、自分や他者に対しての愛を学ぶために行っている

ということがわかるのです。そうして愛を軸に行動を積み重ねていくようになると、どんどん明晰さが育まれていきます。自分の意識が目覚めていき、今までは無知でわからなかった現実のあらゆることがはっきりとわかってくるのです。この世界がどんな仕組みになっていて、どんな法則が根づいていて、その全てがいかに無条件の愛という真理を学ぶためにあるのかが理解されます。そして究極的には、根本的な部分においては何もわからないという「無知の中に宿る叡智」が芽生え始めます。

では、どうして魂の望みに沿って生きるだけで、そんなことが起こるのかといえば、それは第4章の《「在る」から観た自己愛》の節でも説明したように、魂の望みに沿う行動というのは、その行動自体が、自分に対する無償の愛の実践そのものであり、無意識にその人の意識をエゴの視点から愛の視点(「在る」の視点)に移動させるからなのです。これは、自分自身に限らず、他者に対して無条件の愛を実践するときにも当てはまる内容であり、自他共に、無条件の愛を実践すればするほど、この世界の仕組みを理解し、目覚めていきます。無条件の愛の視点こそがまさに聖霊の視点であり、神の視点であるからです。

ただ、この視点はエゴにとってはあまり面白いものではありません。というのも、エゴはすぐに自分にとって損か得か、もしくは自分が勝つか負けるかという視点で世界を見るからです。無条件の愛の視点は見返りを求めないものであるので、エゴの損得、勝ち負けの視点から見ると、損や負けに見えることも多いからです。それは、自分にどれだけ愛を注いでもなかなか傷が癒えず、癒やしの突破口が見えてこないときに感じられるかもしれませんし、他者に愛を注ぎ続けたのにもかかわらず、何の見返りももらえなかったと思うときに感じられるかもしれません。エゴから見れば、そうした出来事は「損」だったり「負け」だったりに見えるのです。

しかし、目覚めた視点、愛の視点から観れば、無条件の愛の実践それそのものがすでに報酬であり、だからこそ、損得や勝ち負けの土俵に立つことすらなく、ただ穏やかに在り続けることができます。また、無条件の愛を実践していけばいくほど、それは源泉のようにあふれ、決して枯れることがないことにも気がつきます。

3．魂、真理への帰還を決める　恩寵が関与して神への帰還の道へ

こうして自らの中に愛を見出し、その愛に癒やされていけばいくほど、魂は個としての自分よりも永遠の自分を望むようになります。本当の愛を知った分、繊細かつ明晰になり、エゴの世界に対して、あまり魅力を感じなくなっていくのです。これまでは光り輝いて見えていたものが、それらも全てはやがて過ぎ去るものであり朽ち果てるものだと理解され、永遠性を求めるようになります。これは決してエゴが望むことのできない願望であり、目覚めたいという願

いはそれそのものが恩寵です。

つまり、神が自ら目覚めを望み、自ら目覚めるのです。すでに目覚めている神がそんなことをするのはある意味、滑稽ですが、しかし、そもそもこの分離の世界の全てはエゴという幻想世界の中の芝居のようなものなので、滑稽で当たり前なのです。全ては神と神の子と聖霊、その三位一体の目覚めの幻想ゲーム、まさに「この世界は神様のジョーク」というわけです。

そうして、幻想ゲームの中で個としての魂が本格的に神への帰還を望み始めます。ただ、神に帰還するということは、個としての自分をその神という全体性に完全に明け渡すことであり、個としての自分を保持したまま都合よく帰還することはできないことにも気づきます。そこでよく起こるのが、個としての自分に対する愛着ゆえの葛藤です。もっと個としての自分を生きていたい、もっと二元性を堪能したい、そんな思いも出てくるわけです。個としての「生」は、ドラマチックであり、魅力的で、感情のゲームや五感を堪能するゲームは楽しいものです。地球という惑星は、恐ろしい狂気の歴史を抱えつつも、それと同時に非常に美しい場所でもあり、個としての地球での「生」はこれで終了だとわかると、寂しさもあるものです。

とはいえ、真理の重要性、それが全てであり、それ以外では魂は満たされないと気づいた今、個としての魂はどんどん真理へと追い詰められていきます。それは犯人が刑事から逃げ回っていてとうとう行き止まりの壁にぶち当たってしまい、振り返ると刑事がジリジリとにじり寄ってくるような、そんな感覚です。

「もう、目覚めるしかない」

そんなふうに感じるように人生が方向づけられていきます。これもまた一つの恩寵であり、もう、逃げ場がないことを悟ります。そうして真理への帰還を覚悟し、自分の個を全体性へと明け渡していくことが起こっていきます。そのプロセスは人それぞれ、あらゆる実践を通して行われていくことでしょう。時に「赦し」を通して、時に「慈悲」を通して、時に「愛」を通して、時に「浄化」を通して。私たちはさまざまな人生体験の中で真理をあらゆる角度から学び、その結果として個が手放されていき、自分自身を全体性へと委ねていくのです。

4. 魂、恩寵の為すままに　あるがままに流れに乗り、個人を神へ明け渡し続ける

魂が肉体を持ってこの世界に誕生する前から、どんな人生を歩むのかがある程度、決定されているという話を聞いたことがあるでしょうか。すでに未来はある程度、決まっているという内容の話です。

実際にそれを証明するものとして「アガスティアの葉（パームリーフ）」というものがあります。これは、インド南部の古代のリシ（聖者・賢者）が残した個人に関する予言が書かれて

いるとされるヤシの葉の写本で、そこには現代に生きる私たちの人生も事細かに書かれているとされています。アガスティアの葉を管理している団体に指紋を提出するだけで、本人の名前はもちろん、両親の名前から現在の人生における状況、そして未来のことまでわかってしまうという非常に不思議な葉っぱです。これが本当に当たっている、また未来を予知した部分も本当にその通りになるということで、日本でも実際に内容を確認した方々は、現代科学では証明できない不可思議さを体感しているようです。例えば、五年後に事故に遭うと書かれていた人が半信半疑でいたら、本当に五年後に予言の通り事故に遭うなど、実際のエピソードがあらゆる場所でシェアされています。とすれば、その葉っぱを生み出したアガスティアは、数千年前の時点で現在の人々の未来が見えていたということになります。よってアガスティアの葉は、未来や自分の人生自体がある程度、決定されていることがわかる一つの証拠といえるのではないでしょうか。

しかし、エゴには自由意志があると思えるような設計がされており、だからこそ私たちはあらゆる方法で人生を改善させようともがくことがあります。「悟りを実現したい」という思いやそれに伴う行動もその一つであり、悟りを開くために何かをしないといけないと焦ったりもがいたり、必死になったり、あらゆる行動が起こっていきます。しかし、その思いこそが悟りを邪魔するというジレンマに多くの探究者が陥っていくのです。そうすると、「じゃあ、悟りを望まなければよいのか？」という疑問が湧いてきます。しかし、神は、神の子が真理を求めなければ無理に幻想の夢の中に介入することはなく、幻想の夢を見ている神の子の意志を尊重します。それも全ては事前にある程度決定されている中でただ起こってはいるのですが、しかしエゴの視点から見れば、「望まなければ、導かれない」という宿命を持っています。だからこそ、悟りたいと願って悟りのプロセスが始まり、しかしその願いが邪魔になって悟れないというジレンマに陥るのは一種の通過儀礼とも呼べるほど、多くの人がいったんは陥る状況なわけです。

そのジレンマの中でもがいてもがいてもがき抜いて、悟りをあまりにも見出したくて泣いていたのがリリという肉体精神機構に起こったストーリーでした。しかし、その熱情は聖霊にしっかり届いており、真理へ導かれ続け、そして最終的に「悟りなんてどうでもいい」という感覚が芽生えたのが探究を始めて数年が経った頃です。決してどうでもよくないのですが、どうでもよい、ありのままがすでに悟っている、そんな感覚でした。魂が自分で頑張るのをやめて、神の恩寵の流れにただ自分そのものを明け渡したのです。完全にあるがままの現実に身を委ねました。

当時の私はもう、そうする以外、やれることがなかったのだと思います。そして、その流れの先で行き着いたのが「私は、在る」でした。あまりにもシンプルですが、これが全てであるとはっきりと確信したのです。自分の人生ストーリーを振り返ってみると、あの時の熱情、そして陥ったジレンマも非常に大切なプロセスだったと思います。それは、エゴの必死の抵抗と聖霊の導きが混ざり合った期間であり、しかし結局は真理（聖霊）の愛が全てを超越しました。

だからこそ、この世界の真実として一つ確信していることがあります。それは、「エゴは非常に巧妙でずる賢い。しかし真理の愛は常にそれを上回る」ということです。エゴがどれだけ巧妙で狂気極まるものであったとしても、結局、真理の愛を上回ることなどできないのです。だからこそ、どんなジレンマに陥ったとしても、大丈夫。何があっても大丈夫。最後には全て愛が超越するから。そう心から言えます。

おわりに

この世界の全てである神の名前はたくさんあります。

愛
明晰さ
気づき
意識
平安
慈悲・慈愛
大いなるもの
真我

全てが同じものを指し示しており、しかし、どの言葉も抽象度の高さゆえに、人によっていろいろな解釈がある言葉です。「愛」と聞いて、どんな思いを巡らせるのか、どんな言葉だと理解するのか、それは人それぞれです。それがゆえに時に誤解も孕《はら》んでいきます。「神は偽善」「神は人間の慰め的存在」……、そんなふうに捉える人も少なくないのが現状です。そんな中、私にとって、真理を最もしっくりくる形で表現した言葉が「在る」でした。もちろん、言葉にした時点でどうしても概念化されてしまうのですが、その中でも最も真理そのものを指した言葉が「在る」であるように感じています。

というのも、「在る」は意味を持つ言葉というよりも、感覚・状態を表現した言葉であり、そのシンプルさゆえに、思考を巡らせる余地もないように感じるからです。だからこそ、そんなシンプルな「在る」の視点から観たこの世界に対する洞察という本があったら面白いんじゃないかと考え、今回この本を執筆させていただきました。

エゴの構築する宇宙世界は非常に複雑かつ壮大であり、だからこそ、この世界は探究のしがいがあります。その結果、エゴは絶えず、あらゆる信念を築き上げて、悟りを概念化し、時に悟りを盾にあらゆる物事をジャッジしたりもします。また、私たちに目覚めるための目標を立てさせ、絶えず行動を起こさねばならないと主張します。私たちはそうした計画が達成されたときには喜びを感じ、達成できなかったときには落胆したり、自分をダメなやつだと責めたりします。ただ、目標を達成したとしても、しなかったとしても、どちらにせよぶつかるのが、とにかく「私は悟っていない。どうすれば？」というような問いです。しかし、エゴは宇宙世界という限りない複雑さの中で起こしていく行動こそが、真の現実だと信じたがるものです。よって、なかなかこのループから抜け出すことができません。

神の真実はそうした複雑さを全て超越した非常にシンプルなものです。

「ただ、在る」

本当にこれだけなのです。これが、一切の戯言《ざれごと》抜きの悟りです。この中にたくさんの矛盾や二元性の全てが包含されており、ただ在り続けています。「在る」においては時間もありませんので、在り続けるというよりも、やはり「在る」、この表現が最もしっくりきます。

「在る」に何かの意味があるでしょうか？　意味などありません。と同時にそれそのものが全ての意味でもあります。では、なぜ「在る」なのか、そんなことは知る必要すらありません。知る必要もないくらい、全てが知られていて、全てが謎である、それが「在る」であり、全てなのです。

マインド（思考）の知的な理解による満足感を放棄して、そんな聖なる真実に自分を委ねたなら、ただ近所の道を散歩するだけでも世界が「在る」を常に体現していることが明晰にわかるでしょう。全てが神であり、その気づきにさえ気づいていて、それが本当のあなたであるということを知るでしょう。

ですから、神の名前をもう一つ、付け加えるとするならば、それは「あなた－私」なのです。

行っています。
2. エゴの根源を神に還すインナーチャイルドヒーリング
3. オラクルカードによる聖霊からのガイダンス
4. エニアグラムによる自己探究、目覚めのサポート
5. 非二元・悟りを促す対話
6. エゴを解体しあるがままを愛することを促すバイロン・ケイティの「ワーク」

この全てはエゴからの解放を目的としており、無条件の愛を軸として行っています。
https://arugamamalili.com/lp/5754/

●目覚めの勉強体験会

非二元・悟りを実際に体験・体感してもらうための会。全12回で構成されており、目覚めの本質をそれぞれの回で多面的な角度からお伝えし、非二元を実際に体験してもらうための会になっています。エゴが生み出す「無知」の終焉と、非二元の実際の体験が組み合わさった会であり、悟りの「アハ体験」へと導きます。
https://arugamamalili.com/lp/awakningtogether/

●無料メールマガジン講座

意識の目覚めの基盤となる自己愛の重要性に関してや、この世界に根づいている法則などを余すことなくお伝えしているメールマガジン講座です。計2時間ほどの無料動画講座も一緒にご視聴いただけます。メルマガ講座限定のプログラムなどもあり、お知らせなども含めて定期的に配信しています。(ブログ・Youtubeに無料メルマガ講座の案内ページのリンクを貼っています。)

●その他SNS

主にInstagramにて情報発信を行っています。日々の気づきや神の導きなどを日常の写真と共にシェアしています。
https://www.instagram.com/liliyestolife

「在る視点」の定着への導き

「在る視点」が定着したとき、個人は終焉し、「在る」の中で全てがただ起こっていきます。しかし、そうなるまでにはどうしても個人の目覚めに向けてのプロセスがあるように感じるものです。それはエゴが主張を続けている限り続き、それを無視して悟ったふりをすることはできません。よって多くの場合、真我である「在る」に帰還するための修練を通る道があり、その道は個人が真我に明け渡される覚悟と忍耐と積み重ねを要します。その過程に役立つ情報を、私の探究および活動よりご紹介します。

● **悟りリch**

2022年から、悟りや意識の目覚めを求める人に少しでも役立てばと思いスタートしたYoutubeチャンネル「悟りリch」。今のところ（2024年3月現在）、週に2回、金曜日と日曜日にアップしています。

https://www.youtube.com/@ch-kx2wq

● **あるがままに生きるリリのBlog**

2020年から始めた、悟りや目覚めに関する情報をシェアしているブログです。悟りだけではなく、スピリチュアルな領域を目覚めの視点で見たらどうなるのか？ など多面的に記載しています。（目覚めから見たソウルメイトとは？ など）

https://arugamamalili.com

● **ノンデュアリティセッション**

マンツーマン（Zoom・都内対面）で行っている、エゴの解体をサポートし意識を目覚めさせるノンデュアリティセッション。「心理学×スピリチュアルヒーリング×非二元（悟り・ノンデュアリティ）」が軸となったセッションです。（Wi-Fiさえあれば海外からも受講可能です。）エゴをあらゆる角度から解体していくための6つのメニューを準備しています。（今後、導きが起これば内容が変更される可能性があります。それも全て神の采配に任せています。）

1. スピリチュアルヒーリング：スピリチュアルヒーリングでは、前世ヒーリング、アカシックレコードリーディングやチャクラヒーリング、アンカーリリースなどチャネリングに加えて肉体的なヒーリングなども

16. *The Thirst for Wholeness: Attachment, Addiction, and the Spiritual Path*　Christina Grof (1993, Harpercollins)
17. 『無力の道　アドヴァイタと12ステップから見た真実』ウェイン・リカーマン著、阿納仁益訳（2020年、ナチュラルスピリット）
18. 『愛という奇蹟　ニーム・カロリ・ババ物語』ラム・ダス編著、大島陽子・片山邦雄訳（2000年、パワナスタ出版）
19. 『バーソロミュー　大いなる叡智が語る愛と覚醒《めざめ》のメッセージ』バーソロミュー著、ヒューイ陽子訳（2013年、ナチュラルスピリット）
20. *Your True Home: The Everyday Wisdom of Thich Nhat Hanh* Thich Nhat Hanh (2011, Shambhala)
21. 『頭がない男　ダグラス・ハーディングの人生と哲学』リチャード・ラング脚本、ヴィクター・ラン-ロックライフ画、髙木悠鼓訳（2019年、ナチュラルスピリット）

＊聖句は日本聖書協会の新共同訳より引用。

◆出典・参考文献

1. 『ラマナ・マハルシとの対話　第1巻』ムナガーラ・ヴェンカタラーマイア記録、福間巖訳（2012年、ナチュラルスピリット）
2. 『ラマナ・マハルシとの対話　第3巻』ムナガーラ・ヴェンカタラーマイア記録、福間巖訳（2013年、ナチュラルスピリット）
3. 『あるがままに　ラマナ・マハルシの教え』デーヴィッド・ゴッドマン編、福間巖訳（2005年、ナチュラルスピリット）
4. 『アイ・アム・ザット 私は在る　ニサルガダッタ・マハラジとの対話』モーリス・フリードマン英訳、スダカール・S・ディクシット編、福間巖訳（2005年、ナチュラルスピリット）
5. 「パパジ、私が真我実現をするにはどの方法が適していますか？」 https://www.youtube.com/watch?v=XLH97kb7H64
6. 「ムージ、どのように自己としてとどまるか？」 https://www.youtube.com/watch?v=LqzDaftM_jI
7. 『意識は語る　ラメッシ・バルセカールとの対話』ウェイン・リコーマン編、髙木悠鼓訳（2014年、ナチュラルスピリット）
8. 『神性を生きる　アダマス・セント・ジャーメインからのメッセージ』ジェフリー・ホップ、リンダ・ホップ著、林眞弓訳（2015年、ナチュラルスピリット）
9. 『バガヴァッド・ギーター』上村勝彦訳（1992年、岩波文庫）
10. 『ルーミー詩撰』メヴラーナ ジャラールッディーン・ルーミー著、ニシダキョウコ訳　https://levha.net/rumi/1324/
11. 『BASHAR GOLD バシャール ゴールド』バシャール（ダリル・アンカ）著、関野直行通訳（2011年、ヴォイス）
12. 『バシャール　スドウゲンキ』須藤元気、ダリル・アンカ著、大空夢湧子通訳（2007年、ヴォイス）
13. 『あなたの世界の終わり　「目覚め」とその“あと”のプロセス』アジャシャンティ著、髙木悠鼓訳（2012年、ナチュラルスピリット）
14. 『奇跡のコース　第一巻　テキスト』ヘレン・シャックマン記、大内博訳（2010年、ナチュラルスピリット）
15. 『真理を生きる（改訂版）一本当のあなたと出会うために…愛と真理の法則』マイケル・J・ローズ著、大亀安美訳（2010年、知玄舎）

本書でご紹介した《「在る視点」への誘導ワーク》は、
繰り返し実践することで、自分自身への慈悲の心を育み、
運命に愛を根づかせます。

日々感じるあらゆる苦しみの感情や、
問題だと感じる事柄を取り上げ、
気軽にワークを実践していきましょう。

このワークのための実践ワークシートは、
下記のQRコードまたはURLより
ダウンロードしてお使いいただけます。

https://arugamamalili.com/lp/lilionenesswork/

ダウンロードページにはパスワードが設定されています。
以下のパスワードをご入力ください(すべて半角小文字)。

iamworklili

■著者プロフィール

リリ
1993年、熊本生まれ。幼い頃から非常に繊細かつ、人生に対して「人はなぜ死ぬのに生まれるのか?」というような哲学的な問いが付きまとい、この世界に対する生きづらさや諸行無常感を感じていた。23歳の時に体験した度重なる絶望を機に、悟り・非二元（ノンデュアリティ）の道に導かれ、猛烈な悟りの探究が始まり、24歳の誕生日に一瞥を体験。それ以降、目覚めの体験が頻発し、気づきや目覚めの体感を深める。現在はそうした自身の体験をもとに、日本を中心に悟り･非二元に関する情報を伝えるとともに、セラピー、体験会の開催などさまざまな活動を行っている。

在る視点

エゴの視点から悟りの視点にシフトする方法

●

2024 年 4 月 14 日　初版発行

著者／リリ

装幀・DTP／株式会社エヌ・オフィス
編集／嶋貫由理

発行者／今井博揮
発行所／株式会社 ナチュラルスピリット
〒101-0051 東京都千代田区神田神保町 3-2 高橋ビル 2 階
TEL 03-6450-5938　FAX 03-6450-5978
info@naturalspirit.co.jp
https://www.naturalspirit.co.jp/

印刷所／中央精版印刷株式会社

ISBN978-4-86451-471-2 C0010

●新しい時代の意識をひらく、ナチュラルスピリットの本（★…電子書籍もございます）

「今この瞬間」への旅　新訳版
スピリチュアルな目覚めへの明確な手引き
レナード・ジェイコブソン 著
コックス・リツコ
アントニー・コックス 訳
「目覚め」への入り口は、誰もがいつでもアクセスできる「今この瞬間」だった。マインドを静め、エゴを超えて、プレゼンスへと至るロードマップ！
定価 本体二〇〇〇円＋税

〝それ〟は在る★
ある御方と探求者の対話
ヘルメス・J・シャンブ 著
彗星の如く現れた覚者。「在る」ということについて、独特な語り口で綴る。閃光を放つ、霊感に満ちた、「在る」の真実を知るための書。
定価 本体二二〇〇円＋税

知るべき知識の全てⅠ
ヘルメス・J・シャンブ 著
「真の価値のある生き方とは何か？」自身のセッションにて語る内容をさらに仔細にまとめて紹介。探求者のための新しい道しるべとなる一冊。
定価 本体二一五〇円＋税

悟りハンドブック★
ドルフィニスト篤 著
悟りの概念、悟りを目指すための方法論を体系的にさまざまな角度から書いた一冊。完全な覚醒、「悟り」とは〈私〉の本性をはっきり思い出すということである。
定価 本体一五〇〇円＋税

覚醒の真実　新装版
清水友邦 著
古今東西の神秘体験を研究し、あるきっかけを通して「覚醒・気づき」を得た著者が、覚醒の本質と新たな文明について提言。新装版で待望の復刊！
定価 本体一九五〇円＋税

バタ足ノンデュアリティ　1〜4★
金森 将 著
すべてはただ起きている。すべてが非の打ちどころもないほどに完璧である。非二元を学び、楽しく実践できるシリーズ！　定価 本体［1 一五〇〇円／2 一六〇〇円／3 一八〇〇円／4 一九〇〇円］＋税

なんか楽しいノンデュアリティ
悩んでいた〝わたし〟はずっといなかった
ゆいか 著
最初の一瞥体験と二度目の目覚め体験を経て「私」の正体を知った著者による、わかりやすいノンデュアリティ（非二元）ガイド！
定価 本体一三〇〇円＋税

お近くの書店、インターネット書店、および小社でお求めになれます。